150
PREGUNTAS
SOBRE
SCHOENSTATT

**150 PREGUNTAS
SOBRE SCHOENSTATT**

P. Rafael Fernández de A.

Coordinador de la Primera Edición:
Jaime De Ferari

© EDITORIAL NUEVA PATRIS S.A.
  José Manuel Infante 132
  Providencia, Santiago - Chile
  FonoFax:235 8674 - 235 1343
  E-Mail: gerencia@patris.cl
  Sitio Web: www.patris.cl

Nº Inscripción: 88.684
ISBN: 978-956-246-408-6

1ª Edición: Noviembre, 1993
5ª Edición: Marzo, 2003
6ª Edición corregida: Julio, 2006
7ª Edición: Mayo, 2009
8ª Edición corregida: Enero, 2010
9ª Edición actualizada: Marzo, 2012

Diseño/Diagramación: Margarita Navarrete M.

150 PREGUNTAS SOBRE SCHOENSTATT

P. RAFAEL FERNÁNDEZ DE A.

EDICIÓN ACTUALIZADA
2012

Presentación

Con el presente libro, Editorial Patris pone a disposición de los miembros del Movimiento de Schoenstatt esta serie de preguntas y respuestas que, así lo esperamos, podrá serles particularmente útil.

Al elaborar este texto he tratado de abordar las más variadas materias sobre el ser y la misión de Schoenstatt. Se ha procurado que las respuestas sean claras y sencillas, a fin de que el lector pueda formarse rápidamente una idea sobre el tema que le interesa. El índice de materias y la amplia bibliografía que se agrega al final, dan pistas para una ulterior profundización del tema que se consulta.

Debe tenerse en cuenta que no hay aquí una «introducción a Schoenstatt». Es un libro de consulta, dirigido especialmente a las personas ya familiarizadas con la espiritualidad de Schoenstatt, que buscan precisiones sobre algún aspecto en particular. Es obvio, por consiguiente, que no ha sido concebido para una lectura continuada.

El capítulo sobre la historia de Schoenstatt es deudor especial del libro «Fragen um Schoenstatt» (Preguntas sobre Schoenstatt), del P. Josef Klein; libro, además, que sugirió originalmente la elaboración de la presente publicación.

Agradecemos muy particularmente a Jaime de Ferari quien, debido a su constante apoyo e iniciativa, coordinó e impulsó esta publicación, reunió textos y contribuyó a la elaboración del índice de materias. Igualmente a Elizabeth Herrera que trabajó incesantemente en el texto y en la elaboración tanto de la bibliografía como del índice de materias. También vaya nuestro agradecimiento a las personas que pacientemente corrigieron este texto: P. Humberto Anwandter, María Luisa Chaigneaux, Patricio Velasco y Enrique Prieto.

Estoy consciente de que esta edición requiere correcciones y complementaciones. Para preparar nuevas ediciones, aún más completas, les solicito hacerme llegar todo tipo de sugerencias tendientes a mejorar o a ampliar el espectro de preguntas.

P. Rafael Fernández
Casilla 18-T. Correo Tajamar
Santiago de Chile

1 Preguntas generales

1 ¿Qué es Schoenstatt?

Schoenstatt es un movimiento apostólico de renovación, nacido en el seno de la Iglesia. Su centro espiritual es el Santuario de Schoenstatt, donde María se muestra de modo especial como la Madre y Educadora que da a luz a Cristo en nosotros, conformándonos según su imagen.

El Movimiento de Schoenstatt abarca diversas comunidades que forman la «Familia» u «Obra» de Schoenstatt. Como movimiento de renovación posee un marcado carácter apostólico y laical; una pedagogía y espiritualidad propias, particularmente aptas para quienes viven en medio del mundo y deben enfrentar un ambiente cada vez más descristianizado y materialista.

Su finalidad es formar una nueva comunidad sobre la base de hombres nuevos que superen la masificación propia de nuestro tiempo y sean capaces de forjar una nueva cultura impregnada por el espíritu de Cristo. (> 4-5)*

2 ¿Qué significa el nombre «Schoenstatt»?

La palabra «Schoenstatt» designa originariamente un lugar geográfico: Schoenstatt, que se sitúa en la zona oriente de la pequeña ciudad alemana de Vallendar, junto a la ribera derecha del Rin, en las proximidades de la ciudad de Coblenza. Está situado a unos 90 Km. al sur de Colonia.

---

* **Nota:** El signo " > " que aparece frecuentemente, es una invitación a consultar otras preguntas complementarias.

Literalmente, «Schoenstatt» significa «lugar hermoso», del alemán: «eine schoene Statt». Como su centro espiritual –el Santuario– y su origen histórico están íntimamente ligados a este lugar, se introdujo en forma natural la designación del movimiento bajo este nombre. (> Cap. 3)

3 ¿Cuándo comenzó el Movimiento de Schoenstatt?

El inicio del Movimiento de Schoenstatt se remonta a los tiempos de la primera guerra mundial; más específicamente, al acontecimiento del 18 de Octubre de 1914. En esta fecha el Padre Kentenich, junto a un grupo de jóvenes, sellaron un pacto o alianza de amor con María, pidiéndole que ella se estableciese espiritualmente en la capillita que había sido puesta a su disposición y convirtiese ese lugar en un lugar de peregrinación.

4 ¿Quién es el Padre Kentenich?

El P. Kentenich es el Fundador de la Familia de Schoenstatt. Nació a fines del siglo pasado, el 18 de Noviembre de 1885, en la ciudad de Gymnich, Alemania. En 1906 ingresó a la comunidad de los Padres Palotinos, siendo ordenado sacerdote en 1910. Dos años después de su ordenación, le fue encomendado por los superiores el cargo de Director Espiritual de los alumnos del Seminario Menor de los Padres Palotinos. Como educador desarrolló una fecunda labor con ellos, labor que culminó con la fundación del Movimiento en 1914. A partir de allí consagró toda su vida a la Familia de Schoenstatt. (> 5-6)

Después de una vida rica en bendiciones, falleció el 15 de Septiembre de 1968, dejando como herencia una obra de dimensiones universales.

5 ¿Por qué se acentúa tanto la vinculación al Padre Fundador en el Movimiento de Schoenstatt?

No debe extrañarnos que la Familia de Schoenstatt acentúe tanto su vinculación al Fundador. Es un hecho que todas las comunidades ven en su fundador un instrumento predilecto del Señor y reconocen en él la voluntad de Dios para con ellas. Piénsese, por ejemplo, en San Benito y los benedictinos; en San Francisco y los franciscanos; en San Ignacio y la Compañía de Jesús; en Santa Teresa de Avila y las carmelitas; y, en nuestro tiempo, en Santiago Alberione y la Familia Paulina; en José María Escrivá y el Opus Dei, etc. Los últimos Papas han acentuado la necesidad de que las comunidades religiosas profundicen y vivan lo más intensamente posible el carisma de su fundador y se distingan por un fiel seguimiento a su persona y sus enseñanzas. Así se asegura la vitalidad del Cuerpo de Cristo, que muestra su riqueza y unidad en la diversidad de los carismas que reparte el Espíritu Santo.

Junto a estas razones, válidas para cualquier comunidad en la Iglesia, hay que agregar que la profunda vinculación afectiva de la Familia de Schoenstatt a su Fundador, está también íntimamente ligada a la originalidad misma del carisma de Schoenstatt. En medio de un mundo en el cual experimentamos, cada día en forma más intensa, la destrucción y disgregación de todos los lazos de amor o vínculos interpersonales, tanto en el campo familiar como laboral, Schoenstatt quiere cultivar en profundidad todos los vínculos queridos por Dios. Y dentro de éstos, la relación filial con el Fundador ocupa un lugar central.

6 ¿Por qué estuvo el Padre Kentenich en el exilio?

El Padre Kentenich sufrió dos grandes pruebas en su vida de Fundador. Primero, el nazismo lo confinó por tres años y medio al campo de concentración de Dachau. La segunda gran prueba vino de parte de la misma Iglesia y, por ello, fue mucho más dolorosa que la del nazismo. El Santo Oficio lo separó de su obra y relegó por catorce años a Milwaukee, en Estados Unidos. Esto no debe extrañarnos si consideramos la suerte de los fundadores a lo largo de la historia de la Iglesia. Son pruebas que Dios permite a fin de purificar la fe y la entrega de sus instrumentos y hacerlos fecundos en el orden de la gracia, que brota de la cruz.

El motivo concreto del por qué el Santo Oficio tomó la medida de separarlo de su Familia, fue la falta de comprensión de su carisma y pedagogía. En la Iglesia preconciliar no existía todavía una plena comprensión para una espiritualidad y pedagogía que aplicaban, en todo y consecuentemente, la armonía de lo natural y lo sobrenatural; que viera en el amor humano una expresión, un camino y una garantía del amor a Dios; que no acentuara lo negativo y el peligro de lo creado (la «huída del mundo»), sino lo positivo, sin dejar de ver por ello la realidad de una naturaleza herida por el pecado. (> 64-74)

La rehabilitación del Padre Kentenich se produjo, por eso, al término del Concilio Vaticano II. La nueva visión de la Iglesia permitió reconsiderar su caso y restituirlo a la Familia. En 1965 Pablo VI le otorga la plena libertad y, más tarde, Juan Pablo II destaca –al cumplirse 100 años de su nacimiento– su personalidad dentro de la Iglesia y avala plenamente su carisma como Fundador de Schoenstatt. (> 109-119)

7 ¿Qué es el Santuario de Schoenstatt?

El Santuario de Schoenstatt es un lugar de gracias. El hecho de la existencia de lugares de gracias es una realidad histórica y actual en la vida de la Iglesia. Dios elige determinados lugares para manifestar en forma especial su presencia y su acción. Dios no es «abstracto» en su pedagogía; respeta nuestra sicología; sabe que estamos hechos no sólo de espíritu, sino de cuerpo y alma. Por eso llega a nosotros a través de lo sensible. En este contexto «encarnacional» –«el Verbo se hizo carne»– se inscribe la pedagogía divina de los santuarios o lugares de gracias.

María sigue el mismo camino. Ella, la Medianera de todas las gracias, quiere manifestar su poder intercesor de modo especial, eligiendo lugares en los cuales hace efectiva su poderosa intercesión. Lourdes y Fátima son muestras claras de esta realidad en este último siglo.

Schoenstatt es, antes que todo, un lugar de gracias. El origen de Schoenstatt como lugar de gracias o de peregrinación es diverso a muchos otros lugares de gracias, pues no se remonta a milagros, apariciones o hechos extraordinarios, como es el caso de la gran mayoría. Por otra parte, también las gracias que se reciben de María en él no son, en primer lugar, curaciones milagrosas, sino «milagros de transformación interior». María quiere mostrarse en su Santuario de Schoenstatt en modo particular como «Madre y Educadora», quiere darnos allí las gracias de un profundo arraigo en Dios; de una honda transformación interior en Cristo Jesús y de una gran fecundidad apostólica. (> 38-41)

8 ¿No se «encierran» los schoenstattianos en su «capillita»?

Los schoenstattianos están fuertemente vinculados a su Santuario. Ven en él su hogar espiritual y el taller donde María los transforma. En el Santuario reciben también las fuerzas y el impulso para comprometerse apostólicamente. «Encerrarse» en el Santuario sería una contradicción y un claro signo de no haber comprendido lo que es y pretende ser Schoenstatt.

El Movimiento de Schoenstatt es un movimiento de Iglesia; tiene como lema y característica la frase que está inscrita en la tumba de su fundador: «Dilexit Ecclesiam», amó a la Iglesia. Es decir, el Movimiento se sintió y se siente profundamente miembro de la Iglesia y quiere ser garantía, en medio de la Iglesia, del amor a ella y de la unidad en ella. Su misión, como la de la Iglesia, es evangelizar. Por eso decimos que, en el Santuario, María nos regala la gracia de la fecundidad y envío apostólico.

Tener una identidad propia, fruto de un carisma propio –distinto, pero no contrario al de otras comunidades–, no puede ser considerado como un «encerrase» o aislarse del resto de la Iglesia. Al contrario, en el Cuerpo de Cristo existen muchos miembros; cada cual tiene su originalidad y función propia, y de esta forma están cada uno al servicio del todo. Una concepción «monolítica» o «niveladora» de la Iglesia es tan contraria a su naturaleza como el «individualismo» o «aislacionismo» eclesial. Schoenstatt aboga por una concepción «orgánica» de la Iglesia; la considera como Familia de Dios y Cuerpo de Cristo. En él cada miembro está llamado a regalar lo que Dios le ha dado para la edificación del todo. Y esto es lo que Schoenstatt procura hacer.

9 ¿Quién es la «Mater»?

En los años 50 se introdujo en Chile y, posteriormente, en otros países de habla hispana, la costumbre familiar de llamar a la «Mater Ter Admirabilis», simplemente «Mater», «Madre», mamá; costumbre que ha prosperado en muchos lugares hasta hoy.

10 ¿Por qué los schoenstattianos le dan a María una importancia tan central? ¿No va esto en desmedro de Cristo?

La relación con María en el Movimiento de Schoenstatt se funda en la posición objetiva que ocupa la Sma. Virgen en el plan de redención; es decir, en el lugar y la función que Dios le asignó a María en el orden de la redención. Ella no es una figura lateral en la Iglesia. No se puede equiparar nuestra relación a María con la relación a otros santos, pues todos ellos no ocupan el lugar esencial que ella ocupa en la Iglesia.

La Santísima Virgen es la Madre de Cristo y, a la vez, por su relación con Cristo, es la Madre de la Iglesia. Es la encarnación perfecta de la nueva creatura redimida y de la Iglesia; es la «plena de gracia».

Ella junto con encarnar el ideal del hombre redimido, también despliega activamente la tarea de Madre y Educadora que el Señor le confió frente a la Iglesia y a cada uno de los hijos de Dios.

Schoenstatt toma en serio todas estas verdades básicas de la fe y trata de ponerlas en práctica lo más fielmente posible. Es así como ha podido experimentar siempre y continuamente la presencia maternal y el poder de María a lo largo de su historia.

Junto a esto, el Movimiento de Schoenstatt posee una vinculación especialísima con María, pues ve en ella la respuesta a los problemas antropológicos de nuestro tiempo. Hoy, cuando lo que está en juego es la dignidad y la misión del hombre, cuando se ha roto ampliamente la relación del hombre con Dios y la armonía de lo natural con lo sobrenatural, la presencia de María adquiere una importancia decisiva. En ella puede encontrar el cristiano actual, como lo afirman los documentos del magisterio, «la estrella de la evangelización», un norte claro y seguro en medio del desconcierto y el desánimo de muchos. «Esta es, afirma el Documento de Puebla, la hora de María». Desde el inicio ésta ha sido la convicción de Schoenstatt. Por todo esto, Schoenstatt es un Movimiento marcadamente mariano.

11 ¿Por qué acudir a María y no ir, en cambio, directamente a Cristo?

Sólo una piedad mariana no educada, sentimentalista o fetichista, puede desviar de Cristo. La verdadera devoción a María –tal como Schoenstatt busca practicarla– nunca puede desviarnos de él; pues todo lo que es María se lo debe a Cristo y todo en ella nos lleva hacia Cristo. Si el encuentro con una persona cercana a Cristo o el encuentro con un santo nos conduce al Señor y aviva nuestro amor por él, ¿cómo no va a suceder lo mismo, y mucho más, cuando nos acercamos a la Santísima Virgen y le confiamos a ella nuestra vida? ¿Quién nos va a dar a Cristo más que María que trajo a Cristo al mundo?

Sólo una visión inorgánica y desligada del plan de Dios puede sostener que el camino más directo para llegar a Cristo es aquel que resta importancia o, incluso, suprime los «intermediarios» para llegar «más directamente» a él. Desencarnar la religión de este modo, no sólo contradice el plan de Dios, sino que, al mismo tiempo, la empobrece y desnuda. Se «sobrenaturaliza» tanto la religión, que se acaba «volatilizándola».

El Dios que vino a nosotros en y por María quiere y espera que también nosotros lleguemos a él en y a través de María. De allí que Schoenstatt, justamente por ser marcadamente mariano, quiere distinguirse por un profundo e íntimo amor y entrega al Señor. Para Schoenstatt no existe, entre la entrega a Cristo y a María, ninguna contradicción. Quien posee un hondo amor a Cristo, por medio de ese mismo amor, llega necesariamente a María. No se podría amar verdaderamente al Señor sin amar lo que él ama, y el ser que él más ama, por sobre todas las criaturas, es María.

12 ¿Cuál es el origen de la imagen de la MTA?

En los años 1914-15 la Congregación Mariana buscaba una imagen adecuada de la Virgen María para su capilla. Un profesor del colegio (Huggle) les regaló una reproducción litográfica de un cuadro del pintor italiano Crossio. Al inicio, esta imagen no les agradó especialmente, ya que, para algunos, merecía reparos desde el punto de vista estético. Como no tenían dinero para comprar otra, colocaron esta imagen en la capilla, el 19 de agosto de 1915. Desde ese momento, ha permanecido siempre en el Santuario.

13 ¿Cuál es el origen de la advocación «Madre Tres Veces Admirable»?

Originalmente la imagen que se colocó en la capillita de Schoenstatt tenía el nombre de «Refugium peccatorum», «Refugio de los pecadores». Sin embargo, leyendo el libro del sacerdote jesuita, P. Hattler, «El P. Rem y sus conferencias marianas», los estudiantes de la Congregación Mariana de Schoenstatt, encontraron que, en tiempos de la Reforma protestante, los congregantes de Ingolstadt habían actuado activamente en la transformación cristiana de su época. Constataron el gran parentesco que existía entre sus propias metas y las de éstos. Los congregantes de Ingolstadt veneraban la imagen de la Santísima Virgen María en forma especialísima bajo la advocación de «Mater Ter Admirabilis», Madre Tres Veces Admirable.

Ahora bien, en la Congregación Mariana de Ingolstadt (Ingolstadt queda a 80 Km al norte de Munich, en el sur de Alemania), se empezó a llamar a la Virgen «Tres Veces Admirable», porque el Padre Rem, su asesor o Padre Espiritual, en una oportunidad le pidió a la Virgen que le indicara bajo qué título quería que se le invocara en ese lugar. Tuvo entonces la inspiración, mientras se cantaba en las letanías lauretanas la advocación «Mater admirabilis» («Madre Admirable»), que a María le agradaba ese título y pidió que se repitiera tres veces esta advocación. Por eso, desde ese momento se empezó a cantarlo así. De allí surgió el nombre «Mater Ter Admirabilis de Ingolstadt».

En recuerdo de ello los congregantes schoenstattianos dieron el mismo nombre a su imagen. «MTA» es la abreviación de Mater Ter Admirabilis. Fue a mediados del año 1916 cuando se empezó a venerar la imagen de la Santísima Virgen en el Santuario de Schoenstatt bajo este título.

14 ¿Qué significa el nombre MTA?

«MTA» es la abreviación de la advocación en lengua latina: «Mater Ter Admirabilis», Madre Tres Veces Admirable. Su significado gramatical podría ser «Madre Muy Admirable», pues el «ter» en latín implica un superlativo. Posteriormente se le ha explicado en forma simbólica. Así, por ejemplo, se la llama Tres Veces Admirable como Madre de Dios, Madre del Redentor y Madre de los redimidos; o bien, admirable por su fe, su amor y su esperanza, etc.

15 ¿Por qué se habla tanto de fechas en Schoenstatt; por ejemplo, del «18 de Octubre», del «31 de Mayo», etc.?

Schoenstatt, más que una ideología, una organización o un sistema pedagógico, es un acontecimiento. El núcleo de Schoenstatt es la Alianza de Amor sellada el 18 de Octubre de 1914: un hecho que se dio en una historia concreta, entre personas concretas y en un lugar concreto. Y esa Alianza fue el origen de un desarrollo histórico marcado por fechas que conmemoran momentos cruciales de la intervención de Dios y de la respuesta de la Familia a lo largo del tiempo. El 20 de Enero de 1942 y el 31 de Mayo de 1949, marcan y recuerdan hitos importantes de esa historia; por eso se les celebra en forma especial.

Esto no debe extrañarnos si consideramos que todo el cristianismo no es, en primer lugar una doctrina o un conjunto de normas morales, sino un acontecimiento salvífico. De allí que la liturgia de la Iglesia constantemente recuerde y reviva fechas, hechos históricos: la Anunciación, el nacimiento de Cristo; la Semana Santa; Pentecostés etc. Al hacerlo, confiesa que Dios interviene en la historia y en el acontecer humano. Nuestro Dios no es un Dios teórico, atemporal o difuso, que está lejos de la realidad, es un Dios vivo y de la vida. Esta ha sido la experiencia de Schoenstatt; por eso nuestras fechas.

16 ¿Qué papel desempeñan los laicos en el Movimiento?

Los laicos son, por así decir, el cuerpo central de Schoenstatt, a cuyo servicio están quienes han sido llamados a una vida consagrada al Señor. Desempeñan, por lo tanto, «un papel esencial y protagónico». Schoenstatt es un movimiento marcadamente laical. Su espiritualidad posee un marcado carácter laical o secular (de quienes viven en este «seculum»), en medio del mundo. Los laicos no son en la Obra de Schoenstatt una «tercera orden» de los Institutos Seculares que en ella existen. Los Institutos Seculares del Movimiento (incluyendo los sacerdotales) también comparten la misma espiritualidad secular.

La estructura de Schoenstatt evita, además, todo tipo de clericalismo, pues los asesores no poseen ningún derecho jurídico sobre las comunidades del Movimiento, sino que sólo les ofrecen su servicio. (> 88-105)

17 ¿Cómo puede incorporarse una persona a Schoenstatt?

Una persona puede incorporarse a Schoenstatt a través de una amplia gama de posibilidades, desde un contacto esporádico hasta la pertenencia a los Institutos Seculares del Movimiento. Ahora bien, formalmente la incorporación a Schoenstatt se produce cuando una persona sella la Alianza de Amor con la Santísima Virgen en su santuario. Pero para ser Schoenstattiano, no se requiere pertenecer a una determinada comunidad. Para quienes así lo desean, existen comunidades muy diversas de acuerdo al tipo de compromiso apostólico, comunitario y ascético. (> 89-105)

2 Preguntas sobre los grandes objetivos de Schoenstatt

18 ¿Cuáles son los fines de Schoenstatt?

El P. José Kentenich los ha resumido en tres:

a. La nueva comunidad a base de hombres nuevos, ambos impulsados por la fuerza fundamental del amor.

b. El rescate de la misión salvífica de Occidente.

c. La Confederación Apostólica Universal.

19 ¿Cuál es el primer fin de Schoenstatt en particular?

Es la creación de una nueva comunidad formada por hombres nuevos.

Schoenstatt quiere forjar una nueva comunidad basada en hombres nuevos, que sea fermento de un nuevo orden cristiano de la sociedad; una comunidad fraterna, libre y solidaria, animada por la fuerza del amor y del espíritu apostólico universal. (> 20; 21; 24-27)

20 ¿Cómo se define el «hombre nuevo»?

Sobre la base del concepto de hombre nuevo cristiano (cf 1Cor) el P. Kentenich, mirando al tiempo actual, define al hombre nuevo, al cual Schoenstatt aspira, del siguiente modo:

«El hombre nuevo es la personalidad autónoma, de una gran interioridad, con una voluntad y disposición permanente a autodecidir, responsable ante su propia conciencia e interiormente libre, que se aleja tanto de una rígida esclavitud a las formas como de una arbitrariedad que no conoce normas». (Mi Filosofía de la Educación).

En esta definición el P. Kentenich acentúa especialmente la libertad y con ella la capacidad de decidir. Esto como contrapartida del hombre sin yo, despersonalizado y atomizado interiormente que hoy abunda por todas partes.

En otras definiciones del hombre nuevo destaca otro aspecto esencial, diciendo que es el hombre profundamente filial, capaz de establecer vínculos personales y personalizantes con Dios, con las personas, con las cosas y el trabajo.

Esta definición apunta a la necesidad de superar el hombre actual, herido y enfermo en su capacidad de dar y recibir amor.

21 ¿Qué se entiende por la «nueva comunidad»?

Por el bautismo formamos un solo cuerpo en Cristo Jesús. El ideal de la nueva comunidad busca vivir profundamente esa realidad en el contexto de un mundo que ha destruido los vínculos interpersonales, que sólo conoce el estar el uno al lado del otro, yuxtapuesto al otro, o, incluso, el uno contra el otro; donde las personas se unen sólo por el interés o la necesidad.

La esencia de la nueva comunidad consiste en que las personas que la conforman viven la una *en, con* y *para* la otra; en que el lazo del amor que las une les lleva a sentirse profunda y solidariamente responsables las unas de las otras. Es la comunidad animada por el vínculo del amor que el Espíritu Santo infunde en nuestros corazones, que vence tanto el colectivismo masificante como el individualismo atomizante.

22 ¿En qué consiste el rescate de la misión salvífica de Occidente, el segundo fin de Schoenstatt?

El rescate de la misión salvífica de Occidente es el segundo fin de Schoenstatt. Con esta expresión entiende el Padre Kentenich dos cosas: primero, rescatar el impulso misionero y apostólico que asumió Occidente luego del envío que hizo el Señor a sus discípulos a evangelizar a todos los pueblos. Y, segundo, encarnar y proclamar la armonía de lo sobrenatural y lo natural, de la gracia y la naturaleza, de la fe y la vida, de la cultura y el Evangelio.

Pertenece a la esencia del cristianismo la conciencia misionera y evangelizadora. Esto en un momento en que esta conciencia misionera se encuentra enormemente debilitada, sobre todo en los países que antaño fueron los baluartes de la evangelización, Schoenstatt se siente llamado a avivar y dinamizar la conciencia de misión y el compromiso evangelizador.

Por otra parte, en Occidente, el pensamiento cristiano desarrolló una visión particularmente orgánica de la realidad, es decir, destacó la armonía entre lo sobrenatural y lo natural, que permite una integración de los valores cristianos en la cultura de cada país.

Si se compara el espíritu que ha animado al Oriente con el que ha animado a Occidente, se puede decir que Oriente se caracteriza por dar especial importancia a la trascendencia de Dios, y que Occidente –a partir de la filosofía y teología de las causas segundas– por acentuar la inmanencia de Dios. «La gracia no destruye la naturaleza sino la presupone, la sana y la eleva», es el principio que anima esta visión. El P. Kentenich, en este sentido, piensa que el cristianismo occidental en su evangelización debe luchar por un cristianismo que encarne y luche por la «armonía de la naturaleza y la gracia» en todos los órdenes.

La espiritualidad y pedagogía de Schoenstatt quieren asegurar y posibilitar este tipo de hombre, capaz de conquistar una síntesis vital entre fe y vida, entre naturaleza y gracia. En otras palabras, un hombre de un pensar, amar y vivir orgánicos, que sabe unir las diversas dimensiones de su vida y crea vínculos sanos y profundos con Dios, con los hombres, con su trabajo y con las cosas. (> 28-31; 77, 80)

23 ¿En qué consiste el tercer fin de Schoenstatt: la Confederación Apostólica Universal?

Con el nombre de «Confederación Apostólica Universal» (CAU), el Padre Kentenich describe el tercer fin de Schoenstatt: promover la unión de las fuerzas apostólicas –a nivel parroquial, diocesano, nacional e internacional–, en todos los campos, para afrontar en común el desafío y la tarea evangelizadora que presenta la realidad actual a la Iglesia.

Cada comunidad debe aportar a esta Confederación su riqueza y carisma propios, produciendo así la unidad en la pluralidad y, a la vez, potenciando la eficacia y fecundidad del apostolado.

Esta finalidad la asumió el Padre Kentenich de san Vicente Pallotti, pionero del apostolado de los laicos y fundador de la Sociedad del Apostolado Católico. Schoenstatt hizo suyas, creadoramente, la idea y la misión de san Vicente Pallotti, confiando en la Alianza de Amor con María en su Santuario. La Confederación Apostólica Universal implica la superación del espíritu divisionista, de las rivalidades y el individualismo que caracterizó muchas veces a las comunidades religiosas en los siglos pasados, y que siempre amenaza la unidad de la Iglesia (> 32-33).

24 ¿Qué se entiende por «nuevo orden social»?*

La nueva comunidad conformada por hombres nuevos, está concebida como germen y alma de un nuevo orden social. Es decir, de una sociedad marcada por el Espíritu de Cristo, donde triunfe el respeto por la dignidad humana y los hombres puedan vivir y trabajar en justicia, libertad, paz y fraternidad; donde las leyes que rigen el orden familiar, político, económico y cultural, sean expresión y garantía de la esencia de la nueva comunidad.

El «nuevo orden social» genera así estructuras que protejen, expresan y cultivan la dignidad de la persona y la mutua solidaridad. Estructuras que promueven la verdadera humanización del hombre, devolviéndole la capacidad de ser persona y de vincularse en forma personal y creadora con Dios, con los hombres, con las cosas y con el trabajo; que sean expresión concreta del Reino de Dios aquí en la tierra. (> 21)

25 ¿Qué se entiende por «Iglesia de las nuevas playas»?

El P. Kentenich usa a menudo esta expresión para describir la Iglesia renovada o el paso de la Iglesia «preconciliar» a la Iglesia «posconciliar». La renovación de la Iglesia, base de toda auténtica transformación del

---

* En las preguntas siguientes se especifican algunos puntos sobre los tres fines de Schoenstatt.

mundo, está supeditada a una profunda renovación y revitalización. Schoenstatt siempre ha querido ser alma de esa renovación profunda del Pueblo de Dios, por eso su mirada se ha dirigido constantemente a la Iglesia «en las nuevas playas» o en la «nueva ribera». El Concilio Vaticano II oficializó, por así decirlo, esta aspiración y le dio un cauce universal.

26 ¿Cuáles son las características básicas de la Iglesia en las nuevas playas?

Es una Iglesia marcadamente *dinámica,* siempre en proceso de conversión interna y de renovación en su encuentro con Dios y los hombres; que se separa del anquilosamiento e inmovilismo que le impide llegar al hombre y asumir su realidad y sus problemas.

Es una Iglesia *Familia* o Pueblo de Dios, donde se redescubre el valor de la fraternidad, de la corresponsabilidad y el sentimiento comunitario de sus miembros; una Iglesia que ha superado el individualismo y la masificación.

Es una Iglesia *guiada por el Espíritu Santo,* fuente de nuestra confianza y de nuestras esperanzas; una Iglesia que no pone su esperanza en primer lugar en los medios humanos, en el poder social, político o económico, sino en Cristo y la fuerza de su gracia.

Es una Iglesia *pobre y humilde,* que se sabe limitada en su humanidad y que incluso, pide perdón por sus faltas; una Iglesia que se ha despojado de todo triunfalismo, desposándose con el Cristo pobre y humilde, en quien funda su victoriosidad.

Es una Iglesia que quiere ser *alma del mundo;* que quiere forjar e inspirar una nueva cultura, dignificadora y liberadora del hombre; una Iglesia que no es enemiga del hombre, sino que se acerca a él como el buen samaritano.

27 ¿Qué se entiende por «novísimos tiempos»?

El P. Kentenich afirmaba que el parto de una nueva cultura inspirada por los valores evangélicos sería una tarea ardua. En este sentido, afirmaba: no nos pertenece el mañana, sino el «pasado mañana». Por eso llamaba ardientemente a trabajar en el hoy y el mañana para preparar así los «tiempos más nuevos», la cultura adveniente del tercer milenio.

28 ¿Qué se entiende por armonía entre naturaleza y gracia?

El «drama de nuestro tiempo», según la expresión de Pablo VI en *Evangelii Nuntiandi*, es la separación entre cultura y Evangelio. Este drama, que corroe nuestra sociedad –pues la «apostasía de Dios conduce a la descomposición», y el «humanismo sin religiosidad se traduce en brutalidad»–, debe ser superado por una síntesis vital de fe y vida.

Más allá del marco teórico que proporciona la filosofía y teología de las «causas segundas», debe darse una espiritualidad y pedagogía que permita alcanzar esta armonía en la práctica, y ser fermento de la misma en medio del mundo. Esto es lo que Schoenstatt siempre ha buscado realizar. (> 22)

29 ¿Qué se entiende por «causas segundas»?

Por «causas segundas» se entienden las creaturas, en cuanto éstas dependen instrumentalmente de Dios: «Causa Primera» u origen de todo. Existen causas segundas «libres» (el hombre), y causas segundas inanimadas (el resto de la creación material). La expresión «causa segunda» está tomada del lexicon aristotélico-tomista. El Padre Kentenich sostiene que junto a una «teología y filosofía» de las causas segundas, debe darse también una «sicología, espiritualidad y pedagogía» de las causas segundas. Schoenstatt se siente especialmente responsable de ello.

30 ¿Qué se entiende por «organismo de vinculaciones natural y sobrenatural»?

La armonía entre la naturaleza y la gracia, entre el orden natural y sobrenatural, encuentra su expresión principal en la armonía de los vínculos de amor que nos relacionan con las personas, cosas y lugares en el orden natural, y los vínculos de amor que nos unen con las personas y realidades del mundo sobrenatural.

Entendemos por «vínculo» justamente el lazo de amor que brota desde el interior de la persona, que es, por lo tanto, libre y que la lleva a establecer una relación personal permanente, cargada de afecto, con el mundo natural y sobrenatural. La persona posee una interioridad, y a partir de esa interioridad es capaz de entregarse, de comunicarse, de conocer y amar personalmente. El «organismo» de vinculaciones es el conjunto o red de vínculos que establecemos, del cual nos alimentamos y en el cual crecemos y somos fecundos como personas.

Ahora bien, la realidad natural, particularmente las personas, son una imagen o reflejo de Dios y del mundo sobrenatural. Por ello constituyen un camino apto para conocer y amar a Dios. Por lo mismo, el amor en el plano natural es una garantía y protección de nuestro amor a Dios. De hecho, llegamos al amor «de lo invisible» a través del amor a lo visible; amamos a Dios en las creaturas y a través de ellas. Y el amor a Dios, por otra parte, afianza y purifica nuestro amor a las creaturas.

Esta mutua relación del organismo natural y sobrenatural está hoy perturbada y en gran parte destruida. El hombre actual no sabe amar ni recibir amor, está enfermo en su capacidad de amar y de recibir amor. Desconoce la profundidad y fidelidad de una vinculación personal sana. En otras palabras, ha «pulverizado» o «atomizado» tanto el organismo natural como el sobrenatural de vinculaciones y su mutua relación.

La instauración y afianzamiento de ambos organismos de vinculaciones y de su mutua relación constituye un objetivo y misión central para Schoenstatt. Esta misión está íntimamente relacionada con la tarea de forjar un hombre nuevo y una nueva comunidad, especialmente en la perspectiva de la misión salvífica de Occidente. El P. Kentenich llamó expresamente a la Familia de Schoenstatt a iniciar una cruzada en este sentido, el 31 de Mayo de 1949. (> 141)

31 ¿Cuáles son los pilares del organismo de vinculaciones según el P. Kentenich?

Son dos, a saber: en el organismo sobrenatural de vinculaciones, la vinculación a la Santísima Virgen; y en el orden natural de vinculaciones, la vinculación al padre en la familia.

La Santísima Virgen es para nosotros la puerta de acceso vital para adentrarnos en la Santísima Trinidad y el Reino de Dios. Ella, como Madre de Dios y colaboradora de Cristo, es el punto de convergencia donde ambos órdenes se encuentran.

En el orden natural la vinculación al padre de familia es para el Padre Kentenich otro pilar fundamental. La imagen del padre en el orden natural está desfigurada y ha perdido su consistencia. Ello obstaculiza seriamente que éste pueda ser, de acuerdo al plan de Dios, expresión, camino y garantía de la vinculación a Dios Padre.

Deformación de la autoridad y de la paternidad, en el orden natural, no sólo significa desintegración para el orden natural sino también uno de los obstáculos centrales en el plano sicológico para alcanzar un acceso vital a Dios. De allí que se imponga, según el Padre Kentenich, la necesidad de una cruzada por el «renacimiento de la figura paterna»: del ser, sentir y actuar del padre en el orden natural tal como Dios lo concibió. (> 141)

32 ¿Quién es Vicente Pallotti?

Vicente Pallotti es el fundador del «Apostolado Católico» y de la Sociedad del Apostolado Católico, (Padres Palotinos). Nació en 1795 y falleció en 1850. Sus ideas principales al fundar esta Obra, en 1835, eran:

1) La creación de una organización universal del apostolado que abarcara el mundo entero y que ayudara a la Iglesia a cumplir su tarea en los nuevos tiempos.

2) Y, posteriormente, en 1846, la formación de una comunidad sacerdotal mariana, sin votos, que estuviera al servicio de este apostolado.

El Papa Pío XI lo llamó «el precursor de la Acción Católica». Fue canonizado el 20 de enero de 1963 por el Papa Juan XXIII.

33 ¿Quiénes son los Padres Palotinos?

San Vicente Pallotti fundó la Sociedad del Apostolado Católico (SAC), o Padres Palotinos, como parte motriz y central del

«Apostolado Católico». Después de la muerte del fundador se dedicaron a diversas obras apostólicas. En Alemania se orientaron a las misiones en Camerún, África. El P. Kentenich ingresó a la SAC, pues tenía interés en ir a las misiones. Sin embargo, por su enfermedad pulmonar, debió permanecer en Alemania. Posteriormente, él vio en Schoenstatt una posibilidad concreta que Dios ofrecía a la Sociedad del Apostolado Católico de recuperar la idea original de Pallotti. Los acontecimientos llevaron a los Padres de Schoenstatt a asumir esta misión específica en relación al Movimiento.

La relación de la Sociedad del Apostolado Católico y del Movimiento de Schoenstatt en general con san Vicente Pallotti, está dada particularmente por su tarea de ser alma de la «Confederación Apostólica Universal» (CAU) (> 23).

3 Preguntas sobre el Santuario

34 ¿Qué significa «lugar de gracias»?

Dios está presente y actúa en todas partes. Sin embargo, en ciertos lugares, se manifiestan y se hacen experimentables y fecundos, de manera especial, su cercanía, su amor y su acción. A estos lugares se les denomina «lugares de gracias», lugares de peregrinación o «santuarios».

Su origen es diverso. Muchas veces se remonta a intervenciones extraordinarias o milagrosas de Dios, de María o de algún santo. Sólo los hechos que allí acontecen (el flujo de peregrinos, la renovación de la fe, eventualmente los milagros de orden físico) muestran concretamente la realidad de la intervención especial de Dios.

Así como en la naturaleza encontramos unas zonas más fértiles que otras, así sucede también con los lugares de peregrinación. Es como la acción del sol, que en algunas regiones hace madurar frutos más maravillosos que en otras. O, tomando otra imagen, así como en ciertos lugares existen saludables fuentes termales, así también en el Reino de Dios encontramos determinados lugares donde el Espíritu de Dios se muestra especialmente activo y eficaz.

Que la gracia de Dios o la intervención de María se ligue especialmente a ciertos lugares, no debe extrañarnos, pues corresponde al modo de conducción normal de Dios en la economía de la salvación: él toma en serio a la naturaleza de su creatura y ésta comprende el espíritu y el cuerpo. Por ello el Señor se vale de lo material (del agua en el bautismo, del pan y del vino en la Eucaristía, etc.) para hacernos llegar su gracia a través de lo sensible. En el caso de los santuarios, se vale de lugares elegidos por su Providencia Divina.

35 ¿Es Schoenstatt un lugar de gracias?

Schoenstatt es un lugar de gracias. Los hechos han confirmado que la Providencia Divina ha escogido ese lugar como fuente de una poderosa corriente de gracias, de vida y de ideas, destinada a impulsar la renovación de la Iglesia y del mundo de nuestro tiempo. Esta es la experiencia de Schoenstatt.

En el año 1914, después de un tiempo de oración y meditación, el Padre Kentenich, invitó a los jóvenes congregantes que él dirigía, a pedir a la Virgen que estableciera espiritualmente su trono de gracias en la capillita que había sido puesta a su disposición. (> 122)

La historia de Schoenstatt ha demostrado que la Santísima Virgen se ha establecido espiritualmente allí de modo especial, y que desde allí ha manifestado, en muchas formas, su gloria. A él acuden, año tras año, miles de peregrinos. El Santuario de Schoenstatt es un lugar de alianza con María y de profundo encuentro con Dios. Es un lugar donde los hombres –como fruto de ese encuentro– son, a su vez, transformados en Cristo por mediación de María y enviados como apóstoles a dar fruto en la construcción del reino de Dios aquí en la tierra.

Nuestra convicción profunda es que el Santuario de María posee una misión de gran importancia para la Iglesia y el mundo actual. Recordamos las palabras que pronunciara el P. Kentenich en 1929: «A la sombra de este Santuario se ayudará –de un modo esencial– a codecidir los destinos de la Iglesia y del mundo por siglos».

María se ha establecido en el Santuario de Schoenstatt para regalar en él especialmente las gracias del arraigo en Dios, de la transformación interior y de la fecundidad apostólica. Esas gracias posibilitan la realización de los tres fines de Schoenstatt. (> 40-43)

36 ¿Qué hay de peculiar en el origen del Santuario de Schoenstatt?

En el origen del Santuario de Schoenstatt no se da ninguna aparición extraordinaria, ningún sueño profético, ningún hecho deslumbrante. Simplemente nos encontramos con la plática de un sacerdote en la que propone, a un grupo de muchachos, convertir la antigua y abandonada capillita de Schoenstatt en un Santuario, pidiéndole a la Santísima Virgen que establezca en aquel lugar su morada y derrame desde allí sus gracias. Pareciera pura y simple iniciativa humana: un hombre que invita a Dios y a la Virgen a cooperar en un plan que se le ha ocurrido a él. Sin embargo, si calamos más hondo, nos damos cuenta de que esa iniciativa humana no fue lo primero, sino más bien una respuesta en la fe a la iniciativa de Dios. Lo que el Padre Kentenich hizo fue tratar de descubrir la voluntad de Dios manifestada en las circunstancias. Auscultando esas voces de Dios, llegó a la conclusión de que él le insinuaba invitar a María a establecer su trono de gracias en la pequeña capillita de Schoenstatt.

Si el P. Kentenich llegó a proponer, al grupo de jóvenes que él dirigía, la original idea de convertir la abandonada capillita del antiguo cementerio de Schoenstatt en un lugar de gracias, fue única y exclusivamente porque estaba convencido de que Dios así lo quería. Llegó a dicho convencimiento después de haber puesto la mayor atención y fidelidad posible a los mensajes que la Divina Providencia le dirigía a través de todos y cada uno de los acontecimientos. En la meditación y oración llegó al convencimiento que era Dios mismo quien deseaba que María estableciera allí su trono de gracias. Por eso, el 18 de octubre de 1914, el día en que pronunció la famosa plática que hoy conocemos con el nombre de «Acta de Fundación de Schoenstatt», les propuso a los jóvenes congregantes esta audaz idea de ofrecer a María su serio esfuerzo por la santidad a fin de atraerla para que ella se estableciese espiritualmente en la capillita, transformándola en su Santuario y desde allí iniciara un movimiento de renovación para la Iglesia.

37 ¿Cuáles fueron los signos que el P. Kentenich interpretó para llegar al convencimiento de que María quería establecerse en forma especial en la capillita de Schoenstatt?

Los signos de la Divina Providencia, que detectó el Padre para pedir a la Santísima Virgen que se estableciese en la pequeña capillita de Schoenstatt, fueron los siguientes: (> 56)

1. El desarrollo positivo de la Congregación Mariana: «Quien conoce el pasado de nuestra Congregación no tendrá dificultades en creer que la Divina Providencia tiene designios especiales respecto a ella».

2. La ley general del actuar divino lo confirma: «¡Cuántas veces en la historia del mundo ha sido lo pequeño e insignificante el origen de lo grande, de lo más grande!».

3. La primera guerra mundial fue un claro y urgente llamado de Dios: Todo lo que se había hecho hasta entonces parecía caer por tierra si la Santísima Virgen no tomaba totalmente en sus manos la educación de los jóvenes. Esto se acentuaba al no poder estar el P. Kentenich en contacto directo con los jóvenes cuando ellos partieran al campo de batalla. La guerra era la oportunidad de santificación, de exigirse al máximo.

4. El hecho de que la Capilla de San Miguel hubiese sido puesta a disposición de los jóvenes, desde el 8 de julio de 1914: «¿Podemos acaso encontrar en este feliz acontecimiento un presagio favorable del futuro desarrollo de nuestra joven Congregación?».

5. La lectura del artículo del P. Cyprian Fröhlich, en «Die Allgemeine Rundschau», del 18 de julio de 1914, donde se relataba cómo Bartolo Longo, un abogado italiano, en la ciudad de Pompeya, imploró una acción especial de María para que ella manifestase su poder de Mediadora de las gracias en el Santuario de Pompeya.

La fe práctica en la Divina Providencia, que llevó a descubrir la voluntad de Dios por los signos en que ésta le manifestaba al P. Kentenich, se tradujo, al mismo tiempo, en un serio compromiso de entrega y seguimiento filial.

Les dice a los jóvenes: «Todos nosotros haremos todo lo posible». Harán «suave violencia» a María y así realizarán el «pensamiento audaz» que había sugerido la Divina Providencia: Convertir la Capilla de San Miguel en un Santuario donde María estableciese su trono de gracias y obrase milagros de transformación.

38 ¿Quién es Bartolo Longo y cuál fue su obra? ¿Qué influencia ejerció en el origen de Schoenstatt?

Bartolo Longo fue un abogado italiano del siglo pasado. En su juventud perdió la fe y tuvo contacto con grupos masónicos y anticlericales, en la época de Garibaldi. Más tarde recuperó la fe y empezó a visitar a la Virgen en una capilla donde se la veneraba bajo la advocación del Rosario. Se dedicó a difundir la fe cristiana y a hacer diversas obras de caridad, como la fundación de una institución para niños pobres. En 1875, Bartolo Longo llevó una imagen de Nuestra Señora del Rosario a Pompeya. y como fruto de su sacrificada y piadosa labor y de la acción maternal de María, nació el Santuario en el Valle de Pompeya, junto a Nápoles. Este lugar, en pocas décadas,se convirtió en uno de los centros de peregrinación más visitados y más bendecidos de Italia y donde era innegable la actuación de la Santísima Virgen.

En 1914, el P. Kentenich leyó, en un semanario de Munich del 18 de julio, un relato del conocido capuchino Cyprian Fröhlich, sobre el origen de esas pregerinaciones al Santuario de Pompeya. Este relato fue una luz que encendió el corazón del P. Kentenich y lo llevó a una convicción llena de fe de que en el valle de Schoenstatt la Santísima Virgen también querría realizar una iniciativa semejante a la de Pompeya.

A comienzos de 1980, Bartolo Longo fue beatificado bajo el pontificado de Juan Pablo II.

39 ¿Qué significa que el Santuario nació de una Alianza de Amor?

El Santuario de Schoenstatt no nació a partir de una intervención milagrosa, ni de apariciones, sino según la forma ordinaria del actuar de Dios: a través del actuar normal de sus criaturas, especialmente a través de los hombres que como instrumentos libres se ponen en sus manos. Dios quiso hacer surgir el Santuario de Schoenstatt mediante la cooperación libre y activa del Padre Fundador y de los jóvenes congregantes; acción que estuvo guiada en todo momento por el plan que Dios mismo, poco a poco, les iba mostrando.

El nacimiento del Santuario de Schoenstatt se produce por lo mismo, conscientemente, como fruto de un acto de Alianza entre Dios y los hombres. Es decir, junto con ser fruto de una especialísima iniciativa divina, es también fruto de una intensa cooperación humana. Dios habla primero al P. Kentenich a través de diversas circunstancias y éste lo escucha y responde en la fe.

El P. Kentenich toma parte activa en la decisión, es decir, en el acto mismo que da nacimiento al Santuario. Y esta decisión consiste en sellar una alianza con la Santísima Virgen. El Santuario que se remonta a este origen, sólo subsistirá como tal mientras permanezca la activa cooperación y la fidelidad humana a esa Alianza con Dios que le dio origen, a través de las «contribuciones al Capital de Gracias». (> 59-122)

40 ¿En qué consiste el poder de la Santísima Virgen que se manifiesta en el Santuario y cuáles son las gracias que ella concede en él?

El poder que la Santísima Virgen manifiesta en el Santuario es un poder moral, un poder de intercesión. Ella manifiesta allí, principalmente, su poder de Madre, Reina y Educadora. Las gracias principales que regala en el Santuario son tres: la gracia del arraigo en Dios; la gracia de la transformación interior en Cristo, y la gracia del envío y fecundidad apostólica.

41 ¿En qué consiste la gracia del arraigo o del cobijamiento interior en Dios?

La gracia del arraigo o cobijamiento interior es la gracia de un profundo encuentro en el corazón maternal de la Santísima Virgen y, a través suyo, con el corazón de Cristo y de Dios Padre. Esta gracia nos comunica la seguridad de la fe, la certeza de la confianza de hijos de Dios; el sabernos de verdad miembros de Cristo, revestidos de nobleza divina y partícipes de su misión.

Por esta gracia del Santuario, María quiere sanar una honda llaga del hombre actual: un hombre desvinculado, sin hogar, sin familia, que desconoce el arraigo en un tú humano y en el tú divino. Este hombre es acogido en el corazón de María. En ese corazón es amado y puede echar raíces, entregar toda su miseria y debilidad y sentir su dignidad como hijo de Dios, especialmente amado por él.

María nos regala a la vez su Santuario como símbolo y signo sensible de este cobijamiento profundo en su corazón y en el corazón de Dios. Por eso podemos decir con toda convicción que el Santuario es nuestro hogar. De allí también que el Movimiento de Schoenstatt se sienta tan profundamente una *Familia*. El arraigo y cobijamiento en Dios lleva al arraigo y cobijamiento comunitario. Leemos en el Acta de Fundación:

«Todos los que acudan acá para orar deben experimentar la gloria de María y confesar: '¡Qué bien estamos aquí! ¡Establezcamos aquí nuestra tienda! ¡Este es nuestro rincón predilecto!'».

La gracia del arraigo en Dios vence la angustia típica de nuestro tiempo, ese nerviosismo e inseguridad existencial en la cual nos movemos atemorizados por el presente y el futuro, en todos los órdenes de nuestra vida. Con María nos sentimos seguros como «sobre roca»; bajo su manto nada podemos temer. Esa es la convicción que recibimos en el Santuario. La inscripción que lleva el marco de su imagen en el Santuario nos confirma la realidad de esta gracia del arraigo o cobijamiento en el corazón maternal de María: «Servus Mariae numquam peribit», «un siervo de María nunca perecerá».

42 ¿En qué consiste la gracia de la transformación personal?

María implora para nosotros en el Santuario al Espíritu Santo. El, que la cubrió con su sombra en la Anunciación, que por medio de ella santificó a Isabel y su hijo, que descendió por sus ruegos en el Cenáculo sobre los apóstoles, accede también a sus ruegos y muestra su fuerza transformadora en el Santuario, forjando en nosotros vivas imágenes de Cristo. Encuentros con María en el Santuario significan para nosotros ponernos en contacto vital con la «llena de gracias», la mujer «vestida de sol», que nos baña de su luz, nos educa y ennoblece.

La gracia de la transformación interior hace fecundo el esfuerzo por nuestra autoformación y nos lleva a vencer en nosotros al «hombre viejo», que se aparta de Dios por el pecado y se conforma con una vida mediocre y egoísta. Nos hace sensibles a la voz del Señor y dispuestos a seguir en todo la voluntad del Padre; nos libera de las múltiples esclavitudes que nos atan y frenan nuestro crecimiento interior; nos saca de la cárcel del yo, para convertirnos en personas abiertas al tú y dispuestas a servir a los hermanos, a ser, en verdad, hombres nuevos en Cristo Jesús.

43 ¿En qué consiste la gracia de la fecundidad apostólica?

La gracia de la fecundidad apostólica, que María nos regala en el Santuario, en virtud de la Alianza, viene a completar el sentido de las dos gracias anteriores. En efecto, la gracia del arraigo y de la transformación interior no son únicamente un don que Dios nos hace personalmente, sino que representan, en primer lugar, un regalo para el mundo y la Iglesia. Porque esas gracias se nos dan para transmitirlas a los demás. A María le importa cooperar con la redención de Cristo, quiere co-redimir y para ello nos llama y elige como sus instrumentos en la Alianza.

María nos dice que cada uno de nosotros tiene una misión apostólica y que ella implora constantemente para nosotros la luz y la fuerza para que cumplamos esa misión. Así como ella imploró en el Cenáculo al Espíritu Santo para la Iglesia naciente y los primeros apóstoles, así ahora también implora en el Santuario la gracia de la fecundidad apostólica que nos lleva a realizar un apostolado fecundo. Nos mueve a tomar iniciativas y a comprometernos activamente en la transformación de la sociedad para llenarla del espíritu de Cristo. Ella nos muestra que nos acompaña, que nos apoya y hace fecunda nuestra acción desde el Santuario: «Ella es la gran misionera, ella realizará milagros».

44 ¿Qué significan los símbolos que hay en el Santuario original de Schoenstatt?

A la izquierda del retablo está la estatua del arcángel San Miguel. La capilla del cementerio del antiguo convento de Schoenstatt estaba dedicada a él. A ambos lados del tabernáculo, están las estatuas de los

Apóstoles Pedro y Pablo. Estas nos recuerdan la finalidad apostólica del Movimiento.

En la muralla del lado izquierdo del Santuario original vemos en un cuadro las llamadas «Cruces de Hierro». Son las que ganaron los jóvenes del tiempo de fundación del Movimiento de Schoenstatt durante la Primera Guerra Mundial en su servicio militar como soldados.

En la muralla del lado derecho, hay una placa en la cual están inscritos los nombres de los primeros congregantes fundadores de Schoenstatt.

Sobre la imagen de la Santísima Virgen, hay una corona de oro. El 18 de octubre de 1939, cuando se celebraban los 25 años de la fundación de Schoenstatt y cuando arreciaba el peligro y la persecución nazi, se le obsequió esa corona a la Santísima Virgen. La imagen fue coronada como Reina, el 10 de diciembre de 1939.

La luz del Santísimo está en una esfera, que representa el mundo, colocada sobre una patena adornada con una cruz con las iniciales MTA. La parte inferior de la patena tiene tres cruces que recuerdan la herencia de los caídos en la guerra que pertenecieron a la primera generación fundadora. El soporte de esta lámpara lleva la inscripción: «Ver Sacrum», Primavera Sagrada, ideal de la generación que regaló este símbolo al Santuario en la noche del Año Nuevo de 1940.

En el cielo raso del coro de la capillita hay una paloma, símbolo del Espíritu Santo. Nos recuerda el Cenáculo, donde los Apóstoles reunidos en la misma sala de la Ultima Cena, en torno a la Santísima Virgen, imploraron la venida del Espíritu Santo. De igual forma, la Santísima Virgen quiere implorar para nosotros el Espíritu Santo en el Santuario de Schoenstatt. La generación sacerdotal del Cenáculo colocó este símbolo del Espíritu Santo en el Santuario el 4 de octubre de 1946.

Junto al comulgatorio, al lado derecho, hay una escultura en la cual aparecen representantes masculinos y femeninos de la Obra de Schoenstatt, quienes ofrecen el Santuario a san Vicente Pallotti. Fue colocada después de la beatificación de Vicente Pallotti, en 1950. Vicente Pallotti fue canonizado posteriormente, el 20 de enero de 1963, por el Papa Juan XXIII.

Al lado izquierdo del comulgatorio está la estatua de san José. En 1933 las Hermanas de María regalaron al P. Kentenich la estatua de San José y ese mismo año fue colocada en el costado izquierdo del Santuario original. En 1953, por iniciativa de los Hermanos Palotinos, el 26 de abril, fiesta de San José, la estatua original fue reemplazada por una nueva en que san José figura como Protector de la Iglesia.

La pila de agua bendita es obsequio de la comunidad de los «exiliados de su patria» (después de la segunda guerra mundial); y la piedra del altar con las reliquias de los santos, es obsequio del Apostolado de los Enfermos.

La cruz oriental, que es colocada cada jueves en el retablo del altar, es un regalo de los estudiantes del Seminario de los Padres Pallottinos. Expresa su anhelo de entregarse por los cristianos de los países orientales. En su pedestal fue incrustada una pequeña cruz con rubíes, que había sido regalada por rusos, a un Padre palotino, para el Santuario de la Madre Tres Veces Admirable, durante la segunda guerra mundial.

El Padre Kentenich regaló para el Santuario Original un «Símbolo del Padre» que aún no ha sido colocado en éste. Por primera vez, en la Nochebuena de 1948, se había colocado un símbolo de Dios Padre en el Santuario filial de Nueva Helvecia (Uruguay). Este símbolo quería expresar el «patrocentrismo» de Schoenstatt (todo en su espiritualidad converge hacia Dios Padre). Posteriormente, en muchos otros Santuarios filiales, ha sido colocado este símbolo.

Sobre el arco del Santuario original hay un marco con un bordado, con la inscripción «Ave María», regalado por los Hermanos Palotinos.

45 ¿Es esencial el cuadro de la MTA para Schoenstatt?

En un comienzo, esta imagen no se consideraba esencial para Schoenstatt. Perfectamente podría haberse colocado otra imagen en su lugar. Sin embargo, se demostró que la Divina Providencia lo había previsto de esta manera a través de muchos acontecimientos e ideales que nacieron en vinculación con ella. Esta imagen y la capillita llegaron a ser una sola unidad, de tal modo que la contemplamos como algo esencial e inseparable del Santuario.

46 ¿Qué significa la inscripción «Servus Mariae numquam peribit» que circunda la imagen de la MTA en el Santuario?

Esa inscripción significa: «Un siervo de María nunca perecerá». Expresa nuestra confianza ilimitada en el poder, amor y sabiduría de la Santísima Virgen.

47 ¿Cuáles son las diversas formas de Santuario que existen en la Familia de Schoenstatt?

Son el «Santuario original» y los «Santuarios filiales», el «Santuario Hogar»; el «Santuario del corazón» y el «Santuario del trabajo».

48 ¿Qué son el Santuario original y los «Santuarios filiales»?

El Santuario original es el de Schoenstatt, donde el P. Kentenich y los jóvenes sellaron la Alianza de Amor con María, el 18 de octubre de 1914. Los Santuarios filiales son réplicas más o menos exactas del Santuario original. A través de ellos, Schoenstatt se expande en el mundo y mantiene un signo exterior de unidad.

El primer Santuario filial fue construido en Nueva Helvecia, Uruguay, en 1943, en el tiempo de la segunda guerra mundial, mientras el Padre Fundador estaba en el campo de concentración de Dachau. Hoy existen más de ciento treinta Santuarios filiales en todo el mundo.

49 ¿Qué es el «Santuario Hogar»?

Hacia el final del tiempo de exilio del Padre Fundador en Milwaukee, se gesta una nueva forma de vivencia en la Alianza de Amor dentro de la Familia de Schoenstatt: el Santuario Hogar. El P. Kentenich bendice numerosos hogares en Milwaukee consagrándolos a la Madre Tres Veces Admirable de Schoenstatt. En ellos, cada matrimonio sella la Alianza de Amor con María en forma original.

El Santuario Hogar es un lugar de oración y de encuentro espiritual de la familia en el hogar. A semejanza de las pequeñas iglesias domésticas de la Iglesia primitiva, las familias –células vivas de la Iglesia– se reúnen en el hogar frente a la imagen de María. Allí renuevan la Alianza de

Amor, ofrecen sus contribuciones al Capital de Gracias y piden a la Madre Tres Veces Admirable que se establezca con su presencia moral y acompañe a toda la familia en su camino de santidad y vivencia familiar y la haga fecunda apostólicamente.

La vida ha demostrado que la existencia de los Santuarios Hogar tiene una gran importancia para la renovación espiritual y moral de la familia, y es un medio eficaz para la nueva evangelización. Ese fue el convencimiento del P. Kentenich al expresar: «Así como la Virgen actuó en casa de Isabel, así quiere actuar en nuestro hogar. Ya que hemos consagrado nuestra casa como Santuario Hogar, consideramos santas todas sus habitaciones y rincones. Sin embargo, tendremos un lugar especial para la Virgen, desde el cual ella irradiará su espíritu por toda la casa. Desde allí, ella derramará abundantes gracias hacia todos los rincones de nuestro hogar».

Hoy existen innumerables Santuarios Hogar en torno a los Santuarios de Schoenstatt, que prolongan y hacen eficaz la acción de María en la Iglesia y sociedad, desde el seno de las familias.

50 ¿Qué es el «Santuario del corazón»?

Es la realidad de la Alianza de Amor en la dimensión personal e íntima con Dios y la Santísima Virgen. San Pablo hace referencia explícita en sus escritos a la «inhabitación» de Dios en nuestra alma. «El amor de Dios ha sido derramado en nuestros corazones por el Espíritu Santo que nos ha sido dado» (Rom 5, 5). «¿No sabéis que sois Santuario de Dios y que el Espíritu de Dios habita en vosotros?» (1Cor 3,16). Nos habla de una alianza escrita por Dios «pero no con tinta sino con el Espíritu del Dios vivo; no en tablas de piedras, sino en las tablas de carne del corazón» (2Cor 3, 3). En este mismo sentido pedimos a María, por nuestras contribuciones al Capital de Gracias, que se establezca en nuestro corazón como en su Santuario, y que nosotros, como santuarios vivos, seamos portadores de las gracias del arraigo en Dios, de la transformación y envío apostólico.

51 ¿Qué es el «Santuario del trabajo»?

EL Santuario del trabajo surgió de la vida de la Familia como expresión de la voluntad de atraer a la Virgen al lugar de trabajo y pedirle que ella se glorificase allí como Madre y Reina, que ella se estableciese en ese medio y regalase en él las gracias del arraigo en Dios, de la transformación y fecundidad apostólica, haciéndolo fuente de una floreciente santidad de la vida diaria. Esto ha llevado a muchos a ofrecer a María abundantes contribuciones al Capital de Gracias para atraerla a su lugar de trabajo y hacer de éste, a semejanza del Santuario Hogar, un lugar de gracias especiales.

52 ¿Qué papel especial desempeña la persona del Fundador entre los contrayentes humanos de la Alianza?

En la historia de la Iglesia, todo fundador ha desempeñado siempre un papel de capital importancia en su fundación. Esto vale especialmente para Schoenstatt. Si quisiéramos sintetizar esta importancia, deberíamos señalar en particular:

- que al sellarse la primera Alianza de Amor, el Fundador estuvo como representante del contrayente humano de la Alianza;

- que en la forjación de la Obra, fue un instrumento especial de la Santísima Virgen;

- que en la conducción de Schoenstatt, fue portador de una paternidad espiritual extraordinaria.

Schoenstatt es fruto de la visión original del Fundador para la educación del hombre nuevo y de la comunidad nueva. En los momentos decisivos de la historia del Movimiento estuvo él como personificación de la historia. Los así llamados «hitos» de Schoenstatt se centraron en su persona, pues él fue el intérprete concreto del querer divino para Schoenstatt. (> 4; 121)

servus mariae nunquam peribit
MADRE. NADA SIN TI
NADA SIN NOSOTROS

4 Preguntas sobre la Alianza de Amor

53 ¿Por qué somos marianos?

María desempeña en Schoenstatt un papel central, tanto en relación al fin mismo de Schoenstatt, como a la tarea histórica que éste posee, y a la fuerza creadora con que cuenta.

La superación del hombre viejo, la instauración del organismo de vinculaciones y todos los fines de Schoenstatt implican una tarea marcadamente mariana. Schoenstatt tiene en María la gran señal de luz y esperanza que Dios mismo ha hecho brillar en el horizonte de nuestra época, con el fin de vencer las herejías antropológicas, renovar la Iglesia y crear un mundo nuevo.

Cristo no llevó a cabo la redención solo, sino que quiso tener a su lado, en forma especialísima y única, a María. El la llamó a ser su compañera y colaboradora en toda su obra redentora. María está al inicio de la redención al dar su «sí» a la encarnación del Verbo. Dios la eligió, aún muy joven, para confiar a ese sí el vuelco más decisivo de la historia: la venida del Mesías. Con ello María no realiza un acto que sólo le concierne a ella: es toda la humanidad la que está pendiente de ese «sí». Un «sí» que nos compromete a todos. María estuvo junto a la cruz como co-redentora, co-sufriendo y co-ofreciendo junto a Cristo. El Señor la proclama desde la cruz verdaderamente Madre nuestra al decir a Juan: «he ahí a tu Madre», y a ella, «ahí tienes a tu hijo».

Ahora bien, María no sólo fue la socia y compañera del Señor durante su vida en la tierra. El Señor no podía dejar de tenerla en el cielo junto a sí, en cuerpo y alma. Esa misma presencia con que acompañó los primeros pasos de la Iglesia, quiso seguir entregándosela con su amor, sabiduría y poder de Madre mientras la Iglesia peregrina a través de los siglos. Como Medianera de todas las gracias, asunta en alma y cuerpo al cielo, reina junto a Cristo.

Es Dios quien establece la modalidad de la redención. Y es El también quien imprimió a la redención una modalidad esencialmente mariana. Schoenstatt trata de comprender por qué El lo quiso así, acogiendo consecuentemente su voluntad. Schoenstatt es un Movimiento mariano, porque quiere acatar el orden objetivo de Dios en toda su amplitud y sacar de él todas las consecuencias aplicándolas en la práctica.

54 ¿Qué significa que Schoenstatt tenga un carácter marcadamente mariano?

El carácter marcadamente mariano de Schoenstatt nace de su historia y significa que Cristo quiere que nos encontremos allí con él y con su Padre a través de la persona de María. El ha querido manifestar su poder por el poder que El mismo ha querido poner en la mediación de María.

Significa, además, que desde su origen, María tomó posesión del terruño de Schoenstatt; y que está espiritualmente presente en él; que ha establecido en él su trono de gracias y que, desde allí, actúa y manifiesta su poder de Reina.

Significa, además, que la misión que Cristo quiere anunciar desde el Santuario es eminentemente mariana. Todo lo que Schoenstatt es y todo el misterio de su Santuario y de su misión deben entenderse, en último término, a la luz del misterio y de la misión personal de María. El hombre nuevo que Schoenstatt pretende formar, es un hombre eminentemente mariano, en el sentido que encarna –a semejanza de María– la armonía entre la naturaleza y la gracia. Y ese hombre nuevo es, a la vez, forjado por el poder de educadora de María, como Madre de la Iglesia y Madre nuestra. Dios quiere que María se manifieste en nuestro tiempo especialmente en y desde su Santuario de Schoenstatt, como la gran educadora que vence las herejías antropológicas de nuestro tiempo e instaura, como Compañera y Colaboradora de Cristo, el Reino del Padre aquí en la tierra.

55 ¿Cuándo sellaron el P. Kentenich y los Congregantes la Alianza de Amor con María, en el Santuario?

El 18 de octubre de 1914. En aquella ocasión pronunció el Padre Kentenich una memorable plática que, más tarde, pasó a considerarse como la «Primera Acta de Fundación». En ella se expresaban los términos fundamentales de esta Alianza de Amor.

56 ¿Cuáles son las afirmaciones básicas más importantes del «Acta de Fundación»?

Transcribimos algunos pasajes centrales de esta Acta de Fundación:

— «Programa: aceleración del desarrollo de nuestra propia santificación y, de esta manera, transformación de nuestra capillita en un lugar de peregrinación». (Así titula el P. Kentenich la plática del 18 de octubre de 1914)

— «Mi exigencia se refiere a algo incomparablemente superior: cada uno de nosotros ha de alcanzar el mayor grado posible de perfección y santidad, según su estado. No simplemente lo grande ni lo más grande, sino precisamente lo más excelso ha de ser el objeto de nuestros esfuerzos intensificados».

— «San Pedro, después de haber contemplado la gloria de Dios en el Tabor, exclamó arrobado: '¡Qué bien estamos aquí! ¡Hagamos aquí tres tiendas!'. Una y otra vez vienen a mi mente estas palabras y me he preguntado ya muy a menudo: ¿Acaso no sería posible que la capillita de nuestra congregación llegara a ser nuestro Tabor, donde se manifieste la gloria de María? Sin duda alguna, no podríamos realizar una acción apostólica más grande, ni dejar a nuestros sucesores una herencia más preciosa que inducir a nuestra Señora y Soberana a que erija aquí su trono de manera especial, que reparta sus tesoros y obre milagros de gracia. Ustedes sospecharán lo que pretendo: quisiera convertir este lugar en un lugar de peregrinación, en un lugar de gracia para nuestra casa y toda la provincia alemana y quizás más allá. Todos los que acudan acá a orar deben experimentar la gloria de María y confesar: ¡Qué bien estamos aquí! ¡Establezcamos aquí nuestra tienda! ¡Este es nuestro rincón predilecto!».

«Un pensamiento audaz, casi demasiado audaz para el público, pero no demasiado audaz para ustedes. ¡Cuántas veces en la historia del mundo ha sido lo pequeño, lo insignificante, el origen de lo grande, de lo más grande! ¿Por qué no podría suceder también lo mismo con nosotros?»

«Quien conoce el pasado de nuestra Congregación no tendrá dificultades en creer que la Divina Providencia tiene designios especiales respecto a ella».

— «Así también esa capillita de nuestra Congregación será para nosotros cuna de santidad. Y esta santidad hará suave violencia a nuestra Madre Celestial y la hará descender hasta nosotros».

— «Se me figura que nuestra Señora, en estos momentos, en la antigua capillita de San Miguel, nos dirige estas palabras por boca del santo arcángel:

'No se preocupen por la realización de su deseo. Ego diligentes me diligo, amo a los que me aman. Pruébenme primero por hechos que me aman realmente y que toman en serio su propósito. Ahora tienen para ello la mejor oportunidad. Y no crean que es algo extraordinario si ustedes suben al máximo, más allá de las generaciones pasadas, las exigencias que se ponen a sí mismos dado el tiempo tan serio y tan grande como es el que vivimos actualmente».

«Según el plan de la Divina Providencia debe ser la guerra mundial, con sus poderosos impulsos, un medio extraordinariamente provechoso para ustedes, en la obra de su propia santificación. Es esta santificación la que exijo de ustedes. Ella es la coraza que tienen que ponerse, la espada con la que deben luchar para la consecución de sus deseos. Tráiganme con frecuencia contribuciones al Capital de Gracias. Adquieran por medio del fiel y fidelísimo cumplimiento del deber y por la intensa vida de oración, muchos méritos y pónganlos a mi disposición. Entonces, con gusto me estableceré en medio de ustedes y distribuiré abundantes dones y gracias. Entonces atraeré desde aquí los corazones jóvenes hacia mí y los educaré como instrumentos aptos en mi mano».

57 ¿En qué contexto entendemos la Alianza de Amor sellada el 18 de octubre de 1914?

Esta Alianza de Amor sellada con María es una actualización original de la Alianza de Amor que Dios hace con los hombres. La palabra «alianza» expresa la trama fundamental que atraviesa toda la historia de salvación. Esta es la historia de la alianza de Dios sellada con su Pueblo y con personas concretas. Recordamos , por ejemplo, a Noé, Abraham, Isaac, Moisés, la Santísima Virgen. Esta alianza tiene su culminación en la «nueva y eterna Alianza» sellada por Cristo y en Cristo. Cristo selló la alianza definitiva entre Dios y el hombre, y la ofrece como camino de salvación a la humanidad.

Los cristianos nos incorporamos en la Nueva Alianza mediante el bautismo. Por el bautismo pasamos a formar parte del nuevo Pueblo de la Alianza, la Familia de Dios, que es la Iglesia. En este contexto entendemos la Alianza de Amor en Schoenstatt, como una forma original de asumir la alianza bautismal, de renovarla y profundizarla en estrecha unión a María.

La Alianza del 18 de octubre de 1914 es una concreción más de la voluntad de Dios de entrar en diálogo con el hombre, por medio de María. Esta búsqueda encontró respuesta en el P. Kentenich, quien asoció en su respuesta a los jóvenes que tenía a su cargo como Director Espiritual. Por la fe práctica en la Divina Providencia reconoce la invitación de Dios a sellar una Alianza con María en la pequeña capilla que poseía la Congregación Mariana. Convencido de la voluntad de Dios, expone a los jóvenes su «secreta idea predilecta», su «pensamiento audaz»: atraer a María, «por el fiel y fidelísimo cumplimiento del deber y una intensa vida de oración» para que ella se estableciese en el Santuario.

58 ¿Cómo se concreta en Schoenstatt la cooperación humana que requiere la Alianza de Amor?

Nuestra cooperación se expresa a través de las contribuciones al Capital de Gracias. En el Acta de Fundación, el P. Kentenich nos señala la forma concreta en que debemos llevar a cabo la lucha por la santidad: «Es esta santificación la que exijo de ustedes. Ella es la coraza que tienen que ponerse, la espada con la que deben luchar por la consecución de sus deseos. Tráiganme con frecuencia contribuciones al Capital de Gracias. Adquieran muchos méritos por medio del fiel y fidelísimo cumplimiento del deber y por una intensa vida de oración y pónganlos a mi disposición…» (> 59-60)

59 ¿Qué significa «Capital de Gracias»?

Por el bautismo, hemos sido hechos uno con Cristo, miembros de su Cuerpo Místico, la Iglesia (cfr 1Cor 12). Con esto también estamos unidos unos con otros en Cristo y podemos implorar, por nuestra vida y por nuestra oración, la benevolencia de Dios y su gracia para nuestros hermanos. San Pablo se expresa así: «Completo en mi carne mortal lo que falta todavía a los padecimientos de Cristo por su Cuerpo que es la Iglesia» (Col 1,24).

Los jóvenes co-fundadores de Schoenstatt se unían en la oración y el sacrificio con la intención común de que la Santísima Virgen hiciera nacer, desde el Santuario, un Movimiento de renovación para el tiempo actual. «Capital de Gracias» es una expresión gráfica para describir este proceso vital. Tal como el Señor recurre en el Evangelio a términos o realidades de orden económico (los «talentos», por ejemplo), así también lo hace el P. Kentenich. El capital es esencial para movilizar las empresas. Nuestro «capital» son las obras meritorias, todo lo que hacemos, rezamos y sufrimos con amor, lo ofrecemos a María como don de nuestro amor.

El Capital de Gracias es así, en primer lugar, una reafirmación práctica del carácter «aliancista» de toda la vida cristiana y de la vida schoenstattiana en particular. Porque la idea misma de juntar méritos para formar un «Capital de Gracias» implica la conciencia de estar respondiendo a un pacto, a un compromiso, a una alianza.

El P. Kentenich invita a los jóvenes, por las contribuciones al Capital de Gracias, a entrar de inmediato en acción: No basta la buena voluntad, sino que hay que comenzar a santificarse mediante hechos concretos, adquiriendo muchos méritos, realizando muchas obras buenas, cumpliendo fidelísimamente el deber de cada uno, rezando mucho más que antes. ¿Para qué? Para llevarlo todo al Santuario y formarle allí a la Santísima Virgen una especie de «capital» de gracias del que ella pueda disponer a voluntad, al servicio de la gran misión del Santuario. La idea de las contribuciones al Capital de Gracias moviliza así a los jóvenes a emprender una lucha activa por la santificación, claramente centrada en torno al Santuario y al apostolado.

60 ¿Cómo se expresa, en el Acta de Fundación, el mutuo compromiso de la Alianza de Amor?

El compromiso del contrayente humano de la alianza es condición para que la Santísima Virgen se establezca en el Santuario. Leemos en el Acta de Fundación: «Pruébenme por hechos que me aman realmente y que toman en serio su propósito»; «es esta propia santificación (autoformación) la que exijo de ustedes».

Esto significa que debemos

1) probar con obras que la amamos realmente y que tomamos en serio lo propuesto;

2) esforzarnos seriamente por la autoformación, por nuestra transformación y crecimiento interior;

3) subir al máximo las exigencias, en otras palabras, ser magnánimos;

4) distinguirnos por un fiel y fidelísimo cumplimiento del deber de estado y

5) por una vida de intensa oración.

6) Por último, ofrecer todo lo anterior como contribuciones al Capital de Gracias.

El compromiso de María (según lo expuesto en el Acta de Fundación) expresa con respecto a lo anterior, es decir, las contribuciones al Capital de Gracias: «Esta santidad hará suave violencia a nuestra Madre celestial y la hará descender hacia nosotros».

Lo cual significa que:

1) ella se establecerá espiritualmente en la Capillita;

2) distribuirá desde allí abundantes dones de gracias;

3) atraerá hacia sí los corazones jóvenes;

4) los educará;

5) hará de ellos instrumentos aptos en sus manos;

6) y con ellos, en la medida que se abandonen en sus manos, emprenderá un Movimiento de renovación.

61 ¿Qué significa la Alianza de Amor para Schoenstatt?

La Alianza de Amor con María es la forma original que tiene Schoenstatt de vivir la alianza bautismal. En ella se expresa y se garantiza nuestra alianza con la Santísima Trinidad. Entendida así, es «la fuente de la vitalidad y el centro de la espiritualidad de Schoenstatt», el corazón de Schoenstatt.

El amor a María, expresado en esta Alianza, se transforma en el medio más rápido y seguro de vivir en un contacto vivo y permanente con el Dios de nuestra vida y de nuestra historia. Por la Alianza de Amor nos convertimos en «Familia», pues todos los que sellan la Alianza se saben y sienten hijos de María y, por ello, hermanos entre sí.

De esta Alianza de Amor, vivida en profundidad, nace también una fuerte conciencia de misión; lleva a quienes la sellan a convertirse en eficaces instrumentos en manos de María, para colaborar con ella en la renovación religioso-moral del mundo. Por esta Alianza de Amor, Schoenstatt realiza su compromiso de construir la historia en dependencia y contacto filial, libre y total con Cristo, el Señor de la historia, a través de María, su Colaboradora permanente.

62 ¿Qué expresa la frase «Nada sin ti, nada sin nosotros»?

Esta frase o lema expresa en forma simple y concreta el compromiso mutuo que encierra la Alianza de Amor que sellamos en Schoenstatt. Toda alianza de Dios con los hombres posee este rasgo: es un compromiso mutuo entre él y el hombre. Y Schoenstatt nació de una alianza, es decir, del actuar conjunto de Dios, a través de María, y de los hombres. El se compromete, pero también exige un compromiso de aquel a quien ha llamado a sellar esa alianza. El amor verdadero debe ser recíproco.

El «nada sin ti» significa que Schoenstatt no puede existir ni realizar su misión sin la presencia y acción constantes de María, desde su Santuario. Ella se ha comprometido a establecer allí su trono y a distribuir desde allí abundantes dones y gracias para la realización de su misión de renovación del mundo. Ella se ha comprometido a regalar gracias especiales y propias desde el Santuario. (> 40)

El «nada sin nosotros» significa la colaboración humana activa con esas gracias. La acción de María está supeditada, en Schoenstatt, a nuestra colaboración activa con las gracias que ella nos regala. No podemos construir si no existe un serio esfuerzo de cooperación humana con la gracia. Dios, que nos creó libres, se condiciona a nuestra libertad; no nos quita la responsabilidad, y requiere nuestra libre cooperación.

Preguntas sobre la espiritualidad de Schoenstatt

63 ¿Qué se entiende por «piedad tridimensional»?

El Padre Kentenich usa esta expresión para designar tres dimensiones esenciales de la espiritualidad schoenstattiana, a saber: La Alianza de Amor con María o Piedad de la Alianza; la Piedad o Espiritualidad Instrumental, y la Santidad de la Vida Diaria. Estas dimensiones de la espiritualidad schoenstattiana se refieren principalmente a las virtudes teologales de la caridad y la esperanza en el Dios Uno y Trino, en y a través de la Alianza de Amor con María. En relación a la virtud teologal de la fe, Schoenstatt acentúa especialmente la fe práctica en la Divina Providencia. (> 64-66)

64 ¿Qué se entiende por «espiritualidad de la Alianza de Amor»?

La espiritualidad de la Alianza tiene su fundamento en la revelación. Ella nos muestra a Dios como el Dios de la Alianza, quien, por amor, sella una alianza con el pueblo de Israel, a la que éste es infiel. Por segunda vez Dios toma la iniciativa enviando a su Hijo al mundo, el cual sella la nueva y definitiva alianza. El cristiano entra en la alianza por el sacramento del bautismo; por eso se habla de la «alianza bautismal».

La espiritualidad de la Alianza es la espiritualidad que hace suya esta Alianza y busca conformar toda la vida de acuerdo a ella. La Alianza, en este sentido, funda una íntima comunidad de vida, de amor, de bienes y de intereses con el Dios vivo en Cristo Jesús.

Schoenstatt vive esta Alianza de Amor en estrecha unión a María. Sellamos una Alianza de Amor con la Madre y Reina Tres Veces Admirable de Schoenstatt en el Santuario como expresión, camino y garantía de la alianza bautismal con el Dios Uno y Trino en Cristo Jesús.

65 ¿Qué se entiende por «Piedad Instrumental»?

La Alianza de Amor sellada con María comprende necesariamente una proyección apostólica. Todo cristiano está llamado, por la Alianza, al compromiso de construir el Reino de Dios aquí en la tierra, como discípulo y apóstol del Señor. El schoenstattiano comprende su compromiso con María, la Compañera y Colaboradora permanente de Cristo en toda la obra de la redención, como un compromiso a colaborar con ella y con Cristo en ésta. Para ello se pone enteramente a su disposición, abandonándose en sus manos, sabiendo que si se deja guiar por María, en la fuerza de la gracia, podrá contribuir eficaz y fecundamente en la viña del Señor.

66 ¿Qué se entiende por «Santidad de la Vida Diaria»?

El Padre Kentenich habla de una «santidad de los días domingos» y de una «santidad de la vida diaria o del trabajo». Con ello indica que nuestra relación con Dios no puede reducirse a momentos en los que expresamente participamos en alguna celebración litúrgica, sino que debe extenderse a la totalidad de nuestra vida. Es la santidad que une armónicamente fe y vida. Por ello trata de hacer «las cosas ordinarias en forma extraordinaria», es decir, con el mayor amor posible. La santidad de la vida diaria se define como la armonía querida por Dios y cargada de afecto entre la vinculación a Dios, a las personas, a las cosas y al trabajo.

67 ¿En qué consiste la «fe práctica en la Divina Providencia»?

La fe práctica en la Divina Providencia es la fe en que el Dios sabio, poderoso y fiel, tiene un plan de amor para la humanidad y para cada persona en ella. Se habla de fe «práctica» en el sentido que podemos conocer, por la luz de la fe, a través de las voces del tiempo, del alma y del ser, ese plan y conformar nuestra vida concreta de acuerdo a él.

La fe práctica en la Divina Providencia nos lleva a buscar activamente la voluntad de Dios en la vida y en los acontecimientos, y a responderle filial y eficazmente. Es una fe «receptiva», en cuanto está abierta a recibir las indicaciones de Dios y a abandonarse a su voluntad; y «activa», en cuanto busca activamente esa voluntad y trata de realizarla. (> 68-72)

68 ¿Qué se entiende por «voces del tiempo»?

Dios gobierna el mundo a través de causas segundas. Dios interviene en la historia concreta del mundo, de las comunidades, de cada persona. Quien se guía por la fe práctica en la Divina Providencia, trata de detectar la presencia y el deseo de Dios manifestado a través de los acontecimientos, en los signos del tiempo o en las circunstancias. En ellos percibe su voluntad.

69 ¿Qué se entiende por «voces del alma»?

Dios también nos habla en nuestro interior por inspiraciones del Espíritu Santo. Quien se guía por la fe práctica en la Divina Providencia busca discernir, en los anhelos de su corazón y los impulsos que laten en él, la voluntad de Dios.

70 ¿Qué se entiende por «voces del ser»?

Es aquello que Dios nos dice a través del orden de ser de la realidad natural y sobrenatural. La estructura de ser de las cosas y de las personas, lleva inscrita la voluntad de Dios: son pensamientos encarnados de Dios y, como tales, son deseos encarnados de Dios. En otras palabras, según el adagio tomista, al orden de ser debe seguirse un orden de actuar (Ordo essendi est ordo agendi).

71 ¿Qué es la «ley de la puerta abierta»?

Esta expresión se remonta a San Pablo y significa descubrir el querer de Dios a través de las «puertas», o posibilidades, que él nos abre y de otras que él nos cierra (cfr. 1 Cor 16, 9; 2Cor 2, 12; Col 4,3; Hech 14,27). Por esta ley se ha conducido la historia de Schoenstatt: «Schoenstatt vive y actúa en todo según la ley de la puerta abierta» (P. Kentenich).

72 ¿Qué es la «ley de la resultante creadora»?

Es un criterio confirmatorio o rectificatorio de la interpretación del querer divino. Cuanto más clara y positiva es la resultante, tanto más se tiene la seguridad moral de haber interpretado correctamente el plan de Dios.

La vivencia de la fe práctica en la Divina Providencia involucra riesgo, presupone mucha confianza en Dios y una actitud de profunda victoriosidad. Tal fe no es un puro acto mental: toda la persona se halla comprometida. Por sobre todo, debe ser un proceso vital: «El justo vivirá por la fe» (Rom 1,17). Cuando la persona ha hecho el discernimiento de la voluntad de Dios, toma una decisión concreta. Para ello normalmente sólo cuenta con la seguridad moral que ha interpretado bien su querer. Por eso, posteriormente debe revisar y ponderar por los frutos (frutos evangélicos: paz interior, alegría, crecimiento en Dios, etc.) si verdaderamente su decisión fue correcta. En el caso de una resultante creadora negativa, deberá revisar y rectificar su discernimiento.

73 ¿Qué se entiende por «Poder en Blanco»?

Con este término se expresa una consagración a María que encierra una disposición de abertura total al querer divino. Es una proclamación renovada, alegre, clara e irrevocable de la entrega total a los deseos y a la voluntad del Padre Eterno. Se le llama también entrega de «Cheque en Blanco». En Octubre de 1939, a instancias del Fundador que veía avecinarse duros tiempos para la Familia a causa de la guerra, la Familia de Schoenstatt sella la consagración de «Poder en Blanco» con María.

La consagración de Poder en Blanco equivale a lo que en la escuela ignaciana se denomina «santa indiferencia», y en la escuela carmelita «abandono» a la voluntad del Padre. El Poder en Blanco es la esencia de la santidad, pues ésta consiste en la total conformidad con el querer divino. Supone, como fundamento, la lucha contra el pecado grave, el venial y las imperfecciones, y se asegura en la actitud de Inscriptio o de amor a la cruz. (> 74)

74 ¿Qué se entiende por «Inscriptio»?

Esta expresión tiene su origen en una designación del amor como «inscriptio cordis in cor», vale decir, una mutua inscripción de corazones. Palabras que provienen, probablemente, de San Agustín y que el P. Kentenich usa por primera vez en 1941, para indicar un crecimiento en la Alianza de Amor, según el cual no sólo se acepta la cruz, sino que, por amor, es solicitada en la medida que esté contemplada en el plan divino.

75 ¿Qué es la «Cruz de la Unidad»?

La Cruz de la Unidad es la imagen propia del «Cristo de las vinculaciones», cuyo anhelo más profundo es que «todos sean uno», como él y el Padre son uno. Muestra a Cristo, el Hijo, profunda e íntimamente ligado a María, su Madre, Compañera y Colaboradora Permanente en la obra de la Redención. Es el Cristo de la Unidad que, en la fuerza de su sacrificio y entrega, extendiendo ampliamente sus brazos, une el cielo con la tierra y la tierra con el cielo.

Esta cruz se gestó como símbolo de la primera generación de sacerdotes chilenos que estudiaban en Brasil y Suiza. Nació en un momento de grandes tensiones en Bellavista, cuando reinaba la desconfianza y la falta de entendimiento.

La Cruz de la Unidad fue colocada en Bellavista en la Navidad de 1960. Su fruto fue el «Milagro de la Unidad» de la Familia del Schoenstatt chileno. En 1965 esta Cruz es regalada al Padre Fundador quien, a su vez, la regala a la Provincia del Instituto de Nuestra Señora de Schoenstatt en Stuttgart, Alemania.

6 Preguntas sobre la pedagogía de Schoenstatt

76 ¿En qué consiste la Pedagogía de Schoenstatt?

El sistema pedagógico de Schoenstatt se basa en la práctica pedagógica y la concepción de educación del P. Kentenich. Para él, educar consiste básicamente en engendrar vida y servir a la vida. Schoenstatt, como Movimiento, quiere ser «un oficial de enlace entre la teoría y la práctica». Con ello indica que lo que le interesa no es, en primer lugar, la proclamación de la doctrina en sí misma, sino que ésta se encarne y haga vida. Servir desinteresadamente la vida que el educador engendra, por su paternidad-maternal o maternidad-paternal, significa servir la originalidad y peculiaridad ajena; es decir, la vida que Dios ha depositado en cada persona y comunidad. El educador no es dueño de la vida sino sólo un instrumento de Cristo Buen Pastor, y participa como educador de su tarea profética, sacerdotal y pastoral.

Para el P. Kentenich, contar con «educadores educados», que despierten vida no sólo con su palabra sino con su ejemplo y por la fuerza de su amor, constituye un imperativo de nuestro tiempo. (> 77-85)

77 ¿Cuáles son los principios que orientan la pedagogía de Schoenstatt?

Tres principios inspiran la concepción pedagógica de Schoenstatt. Los dos primeros son de origen tomista, y el tercero responde a una formulación propia de san Francisco de Sales.

Primer principio: *El «orden de ser determina el orden de actuar»*

El orden de ser objetivo, tanto natural como sobrenatural, que Dios ha impreso en la creatura, debe ser norma y directriz constante de toda praxis pedagógica.

Segundo principio: *«La gracia no destruye sino que presupone, sana, eleva y perfecciona la naturaleza».*

Este principio se refiere a la relación entre el orden natural y sobrenatural, entre lo creado y Dios; entre la naturaleza y la gracia. El P. Kentenich aplica este principio en toda su pedagogía. Su ideal es el de un auténtico humanismo que armoniza lo humano con la acción gratuita de Dios y que sabe conjugar el impulso natural del hombre con el impulso de la vida sobrenatural que Dios ha infundido en su ser. La gracia sana las heridas del pecado original, personal y social, y eleva al hombre y a la sociedad a un nivel superior, que lo enaltece más allá de sus límites.

Tercer principio: *«El amor es la ley fundamental y universal del mundo».*

El amor debe llegar a ser la ley fundamental de nuestra vida y de nuestro actuar pedagógico. El amor, afirma el P. Kentenich, no sólo es la mayor potencia en el cielo y en la tierra, sino que ha de ser considerado y valorado como el gran poder creador en la educación. Educadores verdaderos y auténticos, agrega, son genios del amor. Así como Dios hace todo *por, para y en* el amor, así también el educador debe actuar en todo *por, para* y *en* el amor.

La pedagogía schoenstattiana es así, esencialmente, una pedagogía del amor o de las vinculaciones. La pedagogía de vinculaciones capitaliza esta múltiple energía del amor y la desarrolla en todas sus dimensiones. Pues el educando, para crecer sanamente, debe vincularse a personas, al terruño, a cosas y a ideas. De este hecho se derivan los diversos caminos pedagógicos o la estrategia pedagógica que Schoenstatt aplica.

78 ¿Cuáles son los pilares fundamentales del sistema pedagógico del P. Kentenich?

Son dos, a saber: la «pedagogía del ideal» y la «pedagogía de las vinculaciones».

79 ¿Qué se entiende por «pedagogía del ideal»?

Schoenstatt proporciona un mundo de ideales que enaltecen y estimulan a la persona y provocan en ella una dinámica creadora que la impulsa a la superación de sí misma y a un vigoroso afán de conquista. La pedagogía del ideal está orientada a formar personas libres y autónomas en medio de una sociedad masificada y despersonalizada.

80 ¿Qué se entiende por «pedagogía de vinculaciones»?

La «pedagogía de vinculaciones», o «pedagogía del amor», corresponde a la aplicación concreta de la ley universal del amor en la pedagogía. Esta pedagogía responde al imperativo de formar una persona según la imagen de Dios (Dios es amor), y con ello, además, superar particularmente al hombre atomizado o desarraigado de nuestro tiempo.

La pedagogía de las vinculaciones se basa en el hecho que el amor posee una fuerza unitiva, asemejadora y creadora. Opera según la ley «por la vinculación a la actitud», es decir, el educador cultivando un vínculo profundamente afectivo y estable, obtiene como fruto, en el educando, una actitud y un estilo de trabajo conforme al de la persona a la cual éste se ha vinculado (es decir, a Cristo, a María, al Padre Fundador, a la misma persona del educador). Si el educando logra establecer una red de vínculos sanos y estables con Dios y con las personas, podrá crecer y desarrollarse sanamente. (> 81)

81 ¿Qué se entiende por «pedagogía de alianza» o «pedagogía mariana»?

El camino más apto que Schoenstatt posee para conseguir una eficaz educación de la fe, es lograr que el educador conduzca al educando a una relación personal, cálida, íntima y vigorosa con la persona de María. Esto lo logra a través de un movimiento de valores marianos, según la perspectiva de intereses de las personas o de la comunidad. El vínculo personal a María despliega entonces toda su fuerza unitiva, asemejadora y creadora. Por el amor a María, la persona y la comunidad reciben fuerzas para superarse y conformarse interiormente según la imagen de Cristo.

82 ¿Cuál es la táctica o el método pedagógico de Schoenstatt?

Tanto la pedagogía del ideal como la pedagogía de vinculaciones suponen en su aplicación metodológica:

la pedagogía de movimiento,
la pedagogía de confianza,
la pedagogía de libertad.

83 ¿En qué consiste la «pedagogía de movimiento»?

Para el P. Kentenich educar significa despertar, captar, fomentar, cuidar y encauzar la vida, movilizando valores de acuerdo a la perspectiva de intereses del educando. En este contexto, Schoenstatt da especial relieve a la vitalidad de la persona y a los intereses de la comunidad, que responden a los signos del tiempo y a la conducción interior del Espíritu Santo. Se distingue una triple perspectiva de intereses:

inconsciente (los instintos, las pasiones, los afectos, etc.)

consciente (los intereses racionales, el «espíritu objetivo del tiempo», etc.)

sobrenatural (los intereses o impulsos que brotan del alma en gracia).

La pedagogía de movimiento se opone a una pedagogía «lógica» o «estática», que no parte de las personas sino que busca simplemente aplicar el ideal abstracto y genérico, prescindiendo de la realidad concreta de la persona y de la comunidad.

84 ¿En qué consiste la «pedagogía de confianza»?

El educador schoenstattiano ejerce su labor básicamente apoyado en la confianza, lo cual significa que actúa movido por la convicción de la realidad del poder, sabiduría y misericordia de Dios, quien ha regalado al educando la capacidad y fuerzas necesarias para alcanzar su pleno desarrollo. La pedagogía de confianza apela siempre a lo bueno que hay en la naturaleza humana; cree en la fuerza de la gracia que sana y perfecciona la naturaleza, herida por el pecado.

La pedagogía de confianza se opone a una pedagogía que acentúa unilateralmente el control, la vigilancia o el castigo, que desconfía de la capacidad de superación y crecimiento del mismo educando.

85 ¿En qué consiste la «pedagogía de libertad»?

Schoenstatt fomenta y posibilita la libertad, entendida como la capacidad que posee la persona humana de decidir por sí mismo y de realizar lo decidido. Procura, por lo mismo, que la persona llegue a la plena posesión de sí a través de la corresponsabilidad y la puesta en acción de lo que ha decidido.

La pedagogía de libertad es contraria a una pedagogía que acentúa unilateralmente las obligaciones o el deber por el deber. Quiere formar hombres plenamente libres, con la libertad de los hijos de Dios.

86 ¿Qué es el «Ideal Personal»?

Así como el educador aplica una pedagogía del ideal, el educando, al internalizar esos ideales, actúa de acuerdo a su Ideal Personal. El Ideal Personal es una vocación, un llamado que Dios nos hace personalmente y que él nos va desvelando progresivamente a lo largo de nuestra vida cotidiana.

El Padre Kentenich da tres definiciones del Ideal Personal.

Desde el punto de vista filosófico, es «la idea original preexistente en la mente divina respecto a cada persona». *Desde el punto de vista teológico* es «la imitación y manifestación original de las perfecciones humano-divinas de Cristo». Y, *desde el punto de vista sicológico,* es «el impulso y la disposición fundamental que Dios depositó en lo más íntimo del alma, que fielmente cultivada nos lleva a la plena libertad de los hijos de Dios.

¿Cómo lo descubrimos? Existen diversos caminos. Por ejemplo, en la medida que, paulatinamente, vamos detectando el designio particular que la Divina Providencia tiene para nosotros. Si nos basamos en el hecho de que Dios tiene un plan de amor con nosotros, haremos de la reflexión sobre nuestra historia personal un camino predilecto de la búsqueda de nuestro ideal. Interpretamos entonces nuestra historia a la luz de la Divina Providencia, y vemos cómo Dios nos llama la atención y nos señala una tarea de vida, por los variados sucesos o vivencias a lo largo de nuestra historia.

También puede llegarse a él a través de la consideración de la estructura sicológica personal, con sus impulsos fundamentales.

Muchas veces podemos llegar a nuestro Ideal Personal a partir, por ejemplo, de caminos más intuitivos, tales como: nuestra oración predilecta o nuestras vivencias religiosas más profundas. En ellas se refleja el núcleo de nuestra personalidad.

El Ideal Personal debe convertirse en la motivación principal y constante, en la estrella que ilumine nuestro camino, en nuestro criterio de decisión y acción. Normalmente formulamos el Ideal Personal en un lema y lo expresamos en un símbolo.

En la medida que el Ideal Personal se «internaliza», llega a ser como una «segunda naturaleza» para nosotros, de tal manera que actuamos no sólo reflexiva sino espontáneamente en el sentido del ideal.

87 ¿Qué entendemos por «Examen Particular» o «Propósito Particular»?

El crecimiento personal orientado por el Ideal Personal, se realiza básicamente por medio del Examen Particular. La persona se pregunta qué le pide Dios concretamente en el momento en que se encuentra; en qué debe crecer, ya sea personalmente, en sus relaciones con los demás, en el ámbito del trabajo o en su relación con Dios. Para ello consulta las «voces del tiempo» (los acontecimientos, su situación, los signos de Dios a su alrededor) y las «voces del alma» (las inquietudes que ha puesto el Espíritu Santo en su corazón). Así llega a visualizar un campo determinado, más exactamente, una actitud a conquistar y hace de ella su Examen Particular o Propósito Particular.

Une, entonces, esa actitud a su Ideal Personal (confronta las voces del tiempo y del alma con las voces del ser), y la valoriza sopesando en la oración y meditación cuán necesario y positivo es para él luchar por la conquista de esa actitud. Es decir, se propone cultivarla hasta apropiarse de ella. Este proceso puede durar meses o aún más.

De vital importancia en el trabajo con el Examen Particular son las renovaciones del mismo (al menos en la mañana, a medio día, en la tarde y en la noche), renovaciones que luego se controlan por escrito. A veces es conveniente elegir un seguro concreto del Examen Particular para que su conquista sea aún más efectiva, sobre todo si se trata de superar algún defecto. Pero el Examen Particular no debe reducirse a este seguro. Lo importante es mantener vivo el interés por apropiarse de la actitud por la cual se lucha en las diversas circunstancias del día, objetivo que se logra especialmente a través de las renovaciones del Examen Particular.

88 ¿Qué es el «Horario Espiritual»?

El sistema de autoformación schoenstattiano encuentra, en el Horario Espiritual, una valiosa ayuda y un medio más eficaz para el desarrollo de la personalidad. Dicho nombre lo tomó el Padre Kentenich de la tradición ascética de la Iglesia dándole sentido y contenido propios. Está en estrecha relación, junto con el Propósito Particular, con el Ideal Personal.

El Horario Espiritual quiere asegurar nuestro «nivel espiritual» normal; es el sustento que necesitamos para mantener viva nuestra fe y nuestro amor a Dios y al prójimo; garantiza la «organicidad» de nuestra vida. Contempla puntos concretos y determinados. Por ejemplo, la oración de la mañana y de la noche, un tiempo de estudio, etc. No fija actitudes, como «servicialidad» o «espíritu de oración», que son materia específica más bien del Propósito Particular, sino actos concretos.

Por el Horario Espiritual aseguramos el desarrollo del Ideal Personal en sus dimensiones básicas: nuestra relación con Dios, con los hermanos, con el trabajo y con nosotros mismos, rescatando así el día de trabajo para Dios, poniéndonos en el camino de un crecimiento armónico de nuestra personalidad, mediante un ritmo de vida armónico.

El P. Kentenich aconseja el control diario por escrito tanto del Examen Particular como del Horario Espiritual, para evitar el olvido y para no dejarnos atrapar por la ley de la pesantez que llevamos en nosotros por el pecado original.

7 Preguntas sobre la estructura de Schoenstatt

89 ¿Cuál es la diferencia entre estructura y organización?

Entendemos por estructura de una comunidad el ordenamiento fundamental que establece sus grandes categorías y niveles. Entendemos por organización de una comunidad el modo en que se relacionan los diferentes miembros al interior de cada categoría y nivel para el logro del fin de la comunidad.

90 ¿Cuáles son los principios que orientan la estructura y organización de Schoenstatt?

Todo el desarrollo en Schoenstatt se ha encauzado según los grandes principios por los cuales el P. Kentenich orientó su Obra. Estos principios son:

a) La primacía de la vida:

La principal preocupación y meta del P. Kentenich fue siempre la gestación y el cultivo de una poderosa corriente de vida. Por eso la estructura y la organización de Schoenstatt han sido consideradas secundarias, en tanto la prioridad la tienen las fuentes vitales.

El P. Kentenich formuló este principio de la siguiente manera: *«Una adecuada limitación de poder jurídico y de organización, unida a una extraordinaria plenitud de poder vital».*

El principio de construcción (ver más adelante) apunta en esta misma dirección.

b) La ley de la polaridad

Esta ley se da en todo organismo vivo y sano. El P. Kentenich buscó desarrollar siempre al máximo la vida propia de cada miembro y de cada comunidad de la Familia de Schoenstatt, porque para su desarrollo total es necesaria la plenitud de vida de cada parte. Estas partes constituyen polos diferentes dentro de la totalidad. Polos que tienen su propia historia y sus propios talentos. La estructura y organización se esfuerzan para que cada uno de estos polos, autónomos entre sí, aporten su identidad y su riqueza a la totalidad. Para lograrlo, es necesario que entren en comunicación unos con otros, en un proceso de tensiones creadoras entre ellos, lo que permite su complementación y, de este modo, un mejor desarrollo de cada miembro y de la comunidad total.

Suprimir uno de los polos, oponer uno al otro, apartarlos extrapolando su autonomía, son algunos de los errores que suelen cometerse contra la ley de la polaridad, que sabe cultivar tanto la autonomía como la solidaridad de ambos polos en el marco de la totalidad del organismo.

c) La ley de la solidaridad

La estructura y organización de Schoenstatt, conjuntamente con el proceso de polaridad, estimulan la ley de la solidaridad. Es decir, las partes o polos deben concebirse como integrantes del todo. Para la perfección de cada miembro es necesaria la complementación con los otros miembros. Asimismo, para la perfección del todo, es necesaria la presencia y participación de cada uno de los polos. Con esta solidaridad mutua se enriquecen los miembros y el organismo total y se estimula la conciencia de necesidad mutua para lograr su finalidad.

d) El principio de gobierno

El P. Kentenich consideró de gran importancia una clara comprensión de la autoridad. Consideró que la forma como se ejercita la autoridad influye decisivamente en el desarrollo de la vida de la comunidad. El formuló así la función de la autoridad: *«En nuestra forma de gobierno afirmamos el fundamento de la autoridad sin vacilación alguna; pero en la aplicación y en los efectos del ejercicio de autoridad –al igual que Dios– se debe tener suma consideración y tacto con las necesidades individuales y sociales de la naturaleza humana»*. Lo que resumidamente podemos expresar como sigue:

«Afirmamos un claro principio de autoridad y lo ejercemos democráticamente».

e) Principio de construcción :

Este principio apunta al tipo y cantidad de obligaciones que se imponen en la estructura y organización de la comunidad. En este sentido, el Padre Kentenich es partidario de que exista el mínimo necesario de obligaciones; pero, como contrapartida, pide el máximo en relación al cultivo del espíritu, es decir, del idealismo, de los vínculos interpersonales tanto naturales como sobrenaturales; en una palabra, de la magnanimidad.

El principio lo formula así:*«Libertad, toda la posible; vínculos obligatorios, sólo los necesarios; pero, por sobre todo, un intenso cultivo del espíritu».*

91 ¿Cómo se estructura Schoenstatt?

La Familia de Schoenstatt se estructura fundamentalmente basándose en dos criterios:

a) Por el estado de vida de sus miembros :

Según este criterio, la Familia de Schoenstatt expresa su universalismo. A ella puede pertenecer toda persona bautizada, cualquiera sea su edad y estado de vida. Desde este punto de vista, los miembros de Schoenstatt se agrupan en cuatro grandes columnas: hombres, mujeres, familias, sacerdotes.

b) Por el tipo de compromiso

El compromiso apostólico determina los correspondientes compromisos ascéticos y comunitarios de sus miembros, por cuanto una mayor proyección apostólica requiere necesariamente un cultivo más cuidadoso de la vida espiritual y comunitaria.

Desde este punto de vista, la Familia de Schoenstatt se agrupa en cuatro grandes niveles:

- Peregrinos (Movimiento Popular y de Peregrinos)
- Ligas Apostólicas
- Federaciones Apostólicas
- Institutos Seculares.

92 ¿Qué es el Movimiento Popular y de Peregrinos?

Es la base más amplia de la Familia de Schoenstatt. A él pertenecen todas aquellas personas que han adherido personalmente a las fuentes vitales de Schoenstatt: la Madre Tres Veces Admirable de Schoenstatt, el Santuario, el P. Kentenich, y ofrecen su vida cotidiana como contribución al Capital de Gracias. No asumen ningún tipo de compromiso apostólico, ni comunitario, ni ascético.

93 ¿Qué son las «Ligas Apostólicas»?

Las Ligas Apostólicas están constituídas por aquellas personas que, aspirando a la santidad, se dejan educar por Schoenstatt y así se esfuerzan por realizar un servicio apostólico en su medio. Son de carácter diocesano. Existen la Liga Apostólica de Familias, la Liga Apostólica de Sacerdotes Diocesanos, la Liga Apostólica de Hombres, la Liga Apostólica de Mujeres (solteras), la Liga Apostólica de Señoras y la Liga Apostólica de Enfermos.

94 ¿Qué formas existen de pertenencia a la Liga?

Existen dos formas de pertenencia a la Liga Apostólica: los *miembros militantes y los colaboradores.*

Los miembros militantes se comprometen a mantener un espíritu apostólico permanente en su medio. Su dirección propia es diocesana, dependiendo, por lo tanto, de la autoridad del obispo, quien la ejerce a través de un sacerdote de su diócesis, llamado Director Diocesano.

Los miembros colaboradores se esfuerzan por cultivar su vida cristiana y desarrollan acciones apostólicas esporádicas. Están bajo la misma dirección diocesana de los miembros militantes.

95 ¿Cuáles son los compromisos propios de los miembros o militantes de la Liga Apostólica?

Se comprometen:
- primero, en relación al apostolado, a un apostolado permanente en su ambiente;
- segundo, en relación al compromiso ascético, al trabajo con los medios ascéticos propios del Movimiento: Ideal Personal, Examen

Particular, Horario Espiritual controlado por escrito, y cuenta mensual, en lo posible, a un confesor estable;
- tercero, en relación a lo comunitario, se comprometen a la participación en las actividades que organiza la Rama con carácter oficial (la participación en un grupo estrecho de vida es libre).

96 ¿Cuáles son los compromisos de los «colaboradores» de la Liga?

Se comprometen,
- primero, en relación al apostolado, a un apostolado ocasional;
- segundo, en relación a lo ascético, se les ofrecen los medios propios de Schoenstatt, pero no se les pide un compromiso expreso al respecto, y,
- tercero, en el plano comunitario, la Rama organiza encuentros, retiros, etc. para los colaboradores, a los cuales se les invita.

97 ¿Qué son las «Federaciones Apostólicas»?

Son comunidades que aspiran al más alto grado de santidad en virtud de un esfuerzo libre y magnánimo. Se comprometen:
- Primero, en relación al apostolado, a mantener un espíritu apostólico permanente y universal, a nivel de dirigentes. Para las Federaciones, como estructura, este apostolado se extiende a todos los ambientes.
- Segundo, en lo ascético, es el mismo del militante de la Liga; lo único que se agrega es el compromiso de infor-mar al responsable de la comunidad oficial si se ha dado la cuenta de conciencia mensual al confesor (estrictamente este compromiso es expresión del vínculo comunitario).
- En tercer lugar, el compromiso comunitario consiste en la pertenencia a una doble comunidad: a la comunidad libre (el curso), y a la comunidad oficial.

Existe la Federación Apostólica de Sacerdotes Diocesanos, la Federación Apostólica de Familias, la Federación Apostólica de Madres, la Federación Apostólica de Mujeres (solteras) y la Federación Apostólica de Hombres.

98 ¿Qué Institutos Seculares existen en Schoenstatt?

Los Institutos Seculares son comunidades de vida consagrada, es decir, que se han comprometido a una entrega a Dios en el espíritu de los Consejos Evangélicos (de castidad, pobreza y obediencia) de acuerdo a su estado de vida (virginal o matrimonial). Poseen un carácter marcadamente secular, es decir, realizan su ideal de entrega a Dios en medio del mundo.

En Schoenstatt existen: el Instituto Secular de los Padres de Schoenstatt; el Instituto Secular de los Sacerdotes Diocesanos de Schoenstatt; el Instituto Secular de los Hermanos de María; el Instituto Secular de las Hermanas de María; el Instituto de Nuestra Señora de Schoenstatt, y el Instituto Secular de Familias. (Este último aún no ha sido aprobado oficialmente por la Iglesia).

Los compromisos de los Institutos poseen un carácter de vínculo jurídico, que están regulados de acuerdo a las constituciones propias de cada Instituto.

99 ¿Cómo se organiza la juventud en Schoenstatt?

Existen las ramas de Juventud Masculina y Femenina organizadas por separado. La Juventud Masculina comprende la Juventud Universitaria, la Juventud Mayor (jóvenes que, a partir de la enseñanza secundaria, han asumido una actividad laboral a tiempo completo) y la Juventud Secundaria. Esta última se divide en tres etapas según la edad: Escuderos (8 a 10 años), Cruzados (11 a 13 años) y Pioneros (13 a 17 años). Esta división y nominación no es igual en todos los países.

La Juventud Femenina comprende la Juventud Universitaria, la Juventud Mayor y la Juventud Secundaria que se divide en dos etapas: Apóstoles de María (10 a 14 años) y Secundarias (14 a 18 años). Esta división y nominación no es igual en todos los países.

Organizativamente, las ramas de juventud se asimilan al nivel de la Liga Apostólica, aunque tienen sus formas propias de vida apostólica, comunitaria y ascética que no se ajustan totalmente a ésta. Por su misma naturaleza, las ramas juveniles se consideran etapas en transición.

100 ¿Qué es la «Central de Asesores» del Movimiento?

La Central de Asesores del Movimiento está formada fundamentalmente por miembros de los Institutos y de las Federaciones que han sido puestos a disposición, para la animación de las ramas de la Liga Apostólica y del Movimiento Popular y de Peregrinos; es nombrada por el Director del Movimiento. Desde el punto de vista jurídico no posee atribuciones, sino que su encargo se orienta al cultivo del espíritu, asesoría pedagógica, y, en general, a velar, por su servicio, que el Movimiento encarne el auténtico espíritu del Fundador y se capacite de este modo a servir a la Iglesia y ser levadura de un nuevo orden cristiano de la sociedad. A la cabeza del cuerpo de asesores está el «Director del Movimiento», que es un sacerdote schoenstattiano nombrado por el «Consejo Nacional de Familia».

101 ¿Qué es el «Consejo Nacional de Familia»?

El Consejo de Familia es el órgano máximo de coordinación de toda la Familia de Schoenstatt a nivel nacional. Es la instancia regular de coordinación de todas las agrupaciones que pertenecen a la Familia y tiene, por eso, la responsabilidad de los asuntos comunes a nivel nacional. Al Consejo corresponde la representación oficial de Schoenstatt.

En el Consejo Nacional de Familia participan los Superiores nacionales de los diversos Institutos Seculares, los Jefes nacionales de las Federaciones Apostólicas, además del Director del Movimiento, quien representa a las Ramas de la Liga Apostólica y a los Peregrinos. Normalmente es presidido por el Superior Regional del Instituto de los Padres de Schoenstatt.

102 ¿Qué es la «Dirección Diocesana» del Movimiento?

La Dirección Diocesana del Movimiento, presidida normalmente por un Director Diocesano, es la entidad que tiene la responsabilidad inmediata por las Ramas de la Liga Apostólica y por el Movimiento Popular y de Peregrinos en una diócesis.

Ella promueve el intercambio entre las diferentes comunidades del Movimiento en ese lugar y orienta la estrategia apostólica de éste asumiendo las líneas pastorales de la Iglesia diocesana. En unión con los asesores, la Dirección diocesana vela por el espíritu apostólico, la interioridad de vida y la cohesión comunitaria del Movimiento en una diócesis.

Cuando alguna iniciativa compromete de manera especial al conjunto de la Familia de Schoenstatt, la Dirección Diocesana debe consultar al Consejo Nacional de Familia. Esto vale especialmente para el caso en que el Movimiento de una diócesis considere que ya se ha alcanzado la madurez necesaria para construir un Santuario de Schoenstatt.

103 ¿Quién es el «Director Diocesano» del Movimiento?

El Director Diocesano del Movimiento es la persona que preside la Dirección Diocesana del Movimiento en una diócesis. Representa al Obispo diocesano y sus orientaciones ante las Ramas de la Liga Apostólica y el Movimiento Popular y de Peregrinos. A su vez, hace presente ante el Obispo las inquietudes y necesidades del Movimiento y le informa regularmente acerca de su desarrollo.

El puesto de Director Diocesano del Movimiento debe ocuparlo un sacerdote schoenstattiano que reside en esa diócesis. En su nombramiento intervienen necesariamente el Obispo diocesano y el Consejo Nacional de Familia. Habiendo hecho las consultas pertinentes, el Consejo Nacional de Familia lo designa y el Obispo diocesano lo nombra en el cargo (que tiene una duración de tres años renovables).

Como cabeza del Movimiento en la diócesis, tiene diversas funciones en relación a su dirección y animación. Especialmente importante es, por ejemplo, que él confirma (previa consulta a los asesores) a los jefes de Rama que cada Rama diocesana elige.

104 ¿Quién es el «Coordinador Diocesano» del Movimiento?

El Coordinador Diocesano es quien preside la Dirección Diocesana en ausencia del Director Diocesano o cuando éste aún no ha sido nombrado en una diócesis. Hace de nexo con el Obispo diocesano y dirige las actividades comunes. Los Coordinadores diocesanos pueden ser sacerdotes o laicos, y son nombrados por el Consejo Nacional de Familia a instancias del Movimiento de cada lugar.

Tanto los directores y los coordinadores diocesanos, como todos los jefes y miembros del Movimiento, tienen un contacto permanente con los Asesores.

105 ¿Qué es el «Consejo o Presidencia Internacional de Schoenstatt»?

Es el gremio que reúne a todos los superiores de los Institutos Seculares de Schoenstatt; a los Directores Generales de los Institutos femeninos, y a los jefes de las Federaciones internacionalmente constituidas. Actualmente la Liga está representada en este Consejo por el Director de la Central de asesores de Alemania en nombre de los Directores de las Centrales nacionales. Este gremio es de carácter federativo y no posee un poder jurídico respecto a la Obra de Schoenstatt.

106 ¿Qué diferencia existe entre «Familia de Schoenstatt» y «Movimiento de Schoenstatt»?

Ambas expresiones se usan muchas veces como sinónimos. Estrictamente, «Familia de Schoenstatt» designa a los Institutos, a las Federaciones y al Movimiento. El «Movimiento de Schoenstatt» designa a los Peregrinos y a las Ligas Apostólicas (Ramas del Movimiento).

107 ¿En cuántos continentes está Schoenstatt?

Schoenstatt está presente en todos los continentes.

108 ¿En qué países de América Latina se ha difundido mayormente?

En Argentina, Brasil, Bolivia, Chile, Colombia, Ecuador, México, Paraguay, Perú, Puerto Rico, República Dominicana y Uruguay.

109 ¿En qué países de otros continentes se encuentra más difundido?

Schoenstatt está mayormente difundido en África Central (Burundi, Zaire), Alemania, Australia, Austria, España, India, Inglaterra, Polonia, Portugal, Sudáfrica, Suiza, USA, etc.

8 Preguntas sobre la historia de Schoenstatt

110 ¿Dónde está el lugar de Schoenstatt?

En la región llamada Renania, en el centro de Alemania, donde el Rin y el Mosela se juntan, se encuentra la ciudad de Coblenza. Seis kilómetros más abajo de ésta, a la orilla derecha del Rin, está la pequeña ciudad de Vallendar. Allí se abre la zona boscosa llamada Westerwald (nombre de una cadena de cerros) formando un valle pequeño y muy cortado. Un kilómetro hacia adentro de este valle está el lugar llamado Schoenstatt.

111 ¿Cómo se llegó al nombre de Schoenstatt?

En un acta del año 1143 aparece por primera vez la designación de este lugar como «eine Schöne Statt», que significa «lugar hermoso». Este nombre lo inspiró, seguramente, la belleza del paisaje. Ya en aquel entonces, este lugar estaba bajo la especial protección de la Santísima Virgen. En un antiguo sello o cuño románico, de fines del siglo XII, aparece la Santísima Virgen en el trono; en su mano izquierda sostiene al Niño y en su derecha, una vara de lirios. Una leyenda en latín sobre el sello, dice: Sigilum sanctae Mariae in Vallindere (sello de la Santísima María en Vallindere). (> 2)

112 ¿Qué se entiende por «antiguo Schoenstatt»?

Con la expresión «antiguo Schoenstatt» se designa un período de la historia de este lugar, que se extiende por aproximadamente cuatro siglos. Allí se desarrolló una floreciente vida religiosa desde mediados del siglo XII a la mitad del siglo XVI. Testigo de la vida existente en aquel tiempo es la antigua torre románica en el valle de Schoenstatt, en las cercanías del Santuario.

113 ¿Cómo era originalmente el antiguo Schoenstatt?

En el año 1143, se consagró una basílica y un convento a Nuestra Señora de Schoenstatt, para la comunidad de las Monjas Agustinas que provenían del cercano lugar de Lonnig. Durante la Guerra de los Treinta Años, tanto la basílica como el convento fueron destruidos por los suecos. Hoy todavía podemos contemplar la torre norte, testigo de aquel esplendoroso tiempo. La torre gemela, la torre sur, se derrumbó en 1932, cuando se realizaban en ella trabajos de reparación.

En la Edad Media floreció una fuerte vida religiosa en el convento del antiguo Schoenstatt. Incluso, en 1226, el arzobispo Teodorico llegó a determinar que no se podía aceptar a más de cien monjas, puesto que no había lugar para todas ellas en dicho convento.

Las monjas agustinas vivían en ese convento, muy cerca de la basílica. La así llamada Casa Antigua en Schoenstatt, está construida sobre los fundamentos de aquel convento.

Frente a él, estaba el cementerio donde había una pequeña capilla. Por primera vez se hace mención de ella en un acta del año 1319. Seguramente fue destruida por los suecos en 1633. En 1681 fue reconstruida en su forma actual sobre los antiguos fundamentos.

114 ¿Cómo se derrumbó el antiguo Schoenstatt?

a. Por razones externas:
- Las guerras destrozaron la Iglesia y los otros edificios de ese lugar.
- La reforma protestante hizo otro tanto.

b. Por razones internas:

La disciplina conventual y la administración llegaron a un gran desorden, de modo que la vida monástica fue cayendo bajo la influencia colectiva del espíritu mundano. En 1434 el convento fue sancionado por dos años. Un florecimiento momentáneo hizo que se levantara la sanción durante un corto tiempo. A mediados del siglo XVI, las últimas monjas fueron trasladadas desde Schoenstatt a Coblenza. Los edificios quedaron vacíos y desolados.

Después de la partida de las últimas monjas, el convento pasó a propiedad de los príncipes del lugar. Posteriormente cambió repetidas veces de propietario y, consecuentemente, también el uso que se hacía de él. En ocasiones, los edificios sirvieron a las labores agrícolas, en otras, a actividades fabriles, etc. En el siglo pasado, las así llamadas «Hermanas Grises» (Graue Schwestern), trataron de erigir un pensionado en Schoenstatt. Pero fueron alejadas de allí por el Kulturkampf (El Kulturkampf fue la política que reinó bajo Guillermo I, siendo canciller Bismarck que, con el pretexto de luchar por una cultura propia en Alemania, combatía toda influencia del catolicismo con medidas tales como la prohibición de fundar órdenes religiosas). Luego los edificios pasaron nuevamente a ser propiedad privada (familia Dorsemagen).

115 ¿Cuándo surgió el «nuevo Schoenstatt»?

En 1901, la Sociedad del Apostolado Católico, los Padres Palotinos, adquirieron el antiguo convento. De este modo, Schoenstatt se convirtió nuevamente en un centro de vida religiosa. Con el correr de los años se fueron adquiriendo otros edificios del lugar y edificándose nuevos, ya que los antiguos no satisfacían las necesidades de los Padres Palotinos.

116 ¿Qué aspecto muestra Schoenstatt en la actualidad?

Schoenstatt, actualmente, es sede internacional de las diversas comunidades que lo componen. Estas se han instalado en las colinas y en el valle. Así, por ejemplo, los Padres de Schoenstatt están en el *Monte Sión;* el Instituto de Sacerdotes Diocesanos en el *Monte Moria;* los Hermanos de María, en el *Monte de María;* el Instituto de Nuestra Señora de Schoenstatt, en el *Monte Regina;* las Hermanas de María, en el *Monte de Schoenstatt;* la Federación de Mujeres, en la *Casa Mariengart;* la Federación de Sacerdotes en el *Marienau.* Existen también casas para los Peregrinos, las juventudes, las Comunidades Femeninas en *Marienland;* la Obra de Familias, en el *Hogar de las Familias.* La mayoría de estos centros posee un Santuario propio de su comunidad. Así, Schoenstatt ha llegado a ser una pequeña ciudad cuyo centro es el Santuario original.

117 ¿Cuál es la prehistoria del Movimiento de Schoenstatt?

El desarrollo histórico de Schoenstatt está íntimamente ligado a la historia de su Fundador, el P. Kentenich.

El período que va desde 1885, año del nacimiento del P. Kentenich, a 1914, es considerado como la prehistoria del Movimiento de Schoenstatt, durante el cual ocurren los siguientes acontecimientos:

– El P. José Kentenich nace el 18 de noviembre de 1885, en Gymnich, al sur de Colonia, Alemania. Tuvo una infancia difícil; cuando aún no tenía nueve años de edad, su madre, imposibilitada de atender bien a su hijo, lo lleva a un orfanato.

– Al ingresar allí, su madre lo consagra al cuidado maternal de la Santísima Virgen, ante una estatua de Nuestra Señora de Pompeya. Esta consagración marcará decisivamente su historia personal y la del Movimiento de Schoenstatt. Ella encierra germinalmente toda la espiritualidad de su Obra.

– En 1904 ingresa al Seminario de los Padres Palotinos, y el 8 de julio de 1910 es ordenado sacerdote. En octubre de 1912 es nombrado Director Espiritual de los estudiantes en la nueva casa que se acababa de construir en Schoenstatt.

118 ¿Qué se entiende por «Acta de Prefundación»?

El 27 de octubre de 1912 el P. Kentenich propone a sus alumnos un programa de autoeducación. Programa que más tarde se considerará como el «Acta de Prefundación» del Movimiento de Schoenstatt. El programa que presenta a los jóvenes en esa ocasión dice así: «Bajo la protección de María queremos autoeducarnos como personalidades sólidas, libres y sacerdotales».

119 ¿Cuándo se fundó la Congregación Mariana?

El 19 de abril de 1914 el P. Kentenich funda con los jóvenes estudiantes una Congregación Mariana, de la cual, poco después, nacerá el Movimiento de Schoenstatt. El 8 de julio del mismo año se pone a disposición de la Congregación Mariana la antigua capillita del cementerio de Schoenstatt, dedicada a San Miguel.

120 ¿Cuándo se inicia propiamente la historia de Schoenstatt como Movimiento?

Se inicia el 18 de Octubre de 1914, fecha que constituye el primer hito de su historia.

121 ¿Cuáles son los hitos de la historia de Schoenstatt?

La historia de Schoenstatt está jalonada por momentos cumbres que señalan una especial intervención de Dios tanto en su nacimiento como en su desarrollo. A esta intervención de Dios –o «irrupción de lo divino en lo humano»– corresponde una respuesta y compromiso de parte del hombre, en nuestro caso, del Fundador y de la Familia.

El P. Kentenich señaló cuatro hitos fundamentales de la historia de Schoenstatt, que se relacionan con determinadas fechas, a saber:

- Primer hito: el 18 de Octubre de 1914.
- Segundo hito: el 20 de Enero de 1942, y su entorno.
- Tercer hito: el 31 de Mayo de l949.
- Cuarto hito: el 22 de Octubre de 1965 y otras fechas relacionadas con ésta.

122 ¿Cuál es el primer hito de la «historia de Schoenstatt»?

Hablamos de *historia de Schoenstatt* para referirnos al período que se inicia con 1914.

El primer hito, o punto crucial, de la historia de Schoenstatt lo constituye el 18 de Octubre de 1914. Se lo titula: «En la luz divina» (aludiendo con ello a que fue un paso dado en la fe).

El 18 de octubre de l914 marca el comienzo de la historia de Schoenstatt. Ese día, el P. Kentenich da una plática a la Congregación Mariana en la cual propone a los jóvenes un plan osado: inducir a la Santísima Virgen, a través de las «contribuciones al Capital de Gracias» (es decir, ofreciéndole todo su esfuerzo y entrega, su amor demostrado en obras), para que ella se estableciese espiritualmente en la capilla, –que había sido puesta a disposición de la congregación– y los transformase interiormente para usarlos como instrumentos suyos e iniciar con ellos, desde allí, un Movimiento de renovación.

123 ¿Qué se entiende por «Primera Acta de Fundación»?

La plática dada el 18 de Octubre de l914 es considerada como la Primera Acta de Fundación. Ella contiene el texto de la Alianza de Amor sellada por el P. Kentenich y los jóvenes con la Santísima Virgen, en la pequeña capilla de Schoenstatt la que, por esta Alianza, llegó a ser el Santuario de Schoenstatt.

124 ¿Qué se entiende por «Paralelo IngolstadtSchoenstatt»?

En el año 1595, el P. Jakob Rem había organizado el llamado «Coloquium Marianum». Se trataba de una elite dentro de la Congregación Mariana de Ingolstadt. Esta llegó a tal florecimiento que contribuyó notablemente a la renovación de la vida de la Iglesia en la Alemania meridional. El P. Kentenich fijó su atención en la labor del P. Rem y su «Colloquium», y planteó un desafío a los congregantes en Schoenstatt: «¿Qué pasaría si el Ingolstadt de la Edad Media se transformara en un Vallendar de la Edad Contemporánea? (…)Vallendar debe llegar a ser realmente un segundo Ingolstadt (…). Nuestra capillita tiene que ser, a imagen de Ingolstadt, el punto de partida». Bajo esa consigna se expresaba la misión del naciente Schoenstatt. Este debía significar, para la renovación religioso-moral del mundo, algo semejante a la renovación de la Alemania meridional, lograda por el florecimiento de la Congregación Mariana de Ingolstadt en la época de la contrarreforma.

125 ¿Quiénes fueron llamados «congregantes-héroes»?

A partir de 1915 muchos miembros de la Congregación Mariana de Schoenstatt partieron al campo de batalla. La pequeña Familia de Schoenstatt se extendió y proliferó considerablemente durante la guerra y fue bendecida por la entrega heroica de la vida de sus primeros congregantes. Los que entregaron su vida por Schoenstatt son conocidos como «Congregantes Héroes», por ejemplo, José Engling, Hans Wormer, Max Brunner y otros.

126 ¿Qué se entiende por «Cruces Negras» en Schoenstatt?

Por «cruces negras» se designa a aquellos Congregantes que cayeron en la primera guerra mundial y ofrecieron heroicamente su vida por Schoenstatt, los así llamados «Congregantes héroes». La expresión «cruz negra» proviene de las cruces de los cementerios en que se les sepultaba.

127 ¿Cuándo incorpora el Padre Kentenich a Schoenstatt la idea original de Vicente Pallotti?

A la idea del paralelo Ingolstadt-Schoenstatt, el P. Kentenich añadió en 1916 un complemento significativo, a saber, la idea de la «Confederación Apostólica Universal», que procedía de San Vicente Pallotti, fundador de los Padres Palotinos. Con ello se determina una de las tres finalidades de Schoenstatt: la de ser alma de dicha Confederación.

128 ¿Cómo crece el Movimiento de Schoenstatt entre 1919 y 1928?

Al término de la primera guerra mundial, el Movimiento de Schoenstatt crece progresivamente tanto en profundidad –viviéndose en él cada vez más intensamente la Alianza de Amor–, como en extensión. Fueron fundadas nuevas ramas, tanto de laicos (hombres y mujeres), como de sacerdotes y religiosas.

Hechos principales de este período son:

a. La fundación de la «Federación Apostólica de Schoenstatt»
El 20 de agosto de l919, en Hörde, se realiza un congreso de los congregantes de Schoenstatt, tanto de los que pertenecían a los Palotinos como de los que ingresaron durante la guerra (los de la «Congregación Mariana externa»), y se funda la Federación Apostólica, constituyéndose así oficialmente el Movimiento Apostólico de Schoenstatt.

b. La fundación de la «Liga Apostólica»

En 1920, se funda la Comunidad Apostólica del Movimiento y se admite el ingreso de las primeras mujeres a la Federación Apostólica.

c. La fundación del Instituto Secular de las Hermanas de María, que tiene lugar en 1926.

129 ¿Qué sucedió entre 1929 y 1934?

El crecimiento externo del Movimiento de Schoenstatt exigió reconquistar el espíritu original y heroico del primer tiempo. Se dio una fuerte corriente de vida en torno a la Alianza, y Schoenstatt salió a la publicidad. En ese tiempo de crecimiento se dieron los siguientes momentos culminantes que confirmaron la trascendencia de la misión de Schoenstatt:

a. En 1929, el P. Kentenich, en una plática, pronuncia una osada frase: «A la sombra del Santuario se codecidirán esencialmente los destinos de la Iglesia para Alemania y más allá aún, en los próximos siglos».

b. En 1933, el nacional socialismo asume el poder en Alemania. La Familia de Schoenstatt deberá prepararse para afrontar las grandes dificultades que se avecinan.

c. En 1934 se forma la generación de las «Cruces Negras» por la juventud masculina de la época. Su nombre es tomado en relación a las cruces negras de los cementerios de los soldados alemanes caídos en la primera guerra mundial. Ellos traen a Schoenstatt los restos de Hans Wormer y Max Brunner. Movidos a seguir su ejemplo, y, especialmente, por el ejemplo de José Engling, formulan el lema: «¡Guardamos su herencia!»

130 ¿Cómo siguió el desarrollo histórico entre 1935 y 1939?

En una época de grandes dificultades y de la persecución nazi, Schoenstatt deberá crecer más aún en profundidad. La Familia se decide a dar un nuevo paso en la Alianza y a entregarse a María en forma más radical y heroica. Es una etapa decisiva en la historia de Schoenstatt.

Los hechos más relevantes durante estos años son:

a. En abril de l939, la Gestapo requisa la Casa de Estudios en Schoenstatt y la usa como escuela para profesores nazis.

b. En 1939, de las filas de los jóvenes nace la Generación de la «Primavera Sagrada».

c. Ante el peligro que también amenaza al Santuario de Schoenstatt de ser requisado por la Gestapo, las Hermanas de María forman una cadena viva en torno a él, ofreciendo su vida si fuera necesario, para defenderlo.

d. Estalla la Segunda Guerra Mundial.

e. En la Familia de Schoenstatt nace la corriente de una entrega más radical y heroica en las manos de María por el Poder en Blanco. El 18 de octubre de l939, la Familia hace su entrega de Poder en Blanco a la Santísma Virgen. Asimismo, se despierta una corriente de coronación: se reconoce a la Mater en su soberanía sobre Schoenstatt. Ella tiene que tomar el cetro y guiar la barca de la Familia en medio de la nueva crisis mundial.

131 ¿Cuál es la «Segunda Acta de Fundación»?

El 18 de octubre de 1939 el P. Kentenich, que se encontraba en Suiza, envía a la Familia en Schoenstatt las «Palabras de Ocasión», para conmemorar los 25 años de la Primera Acta de Fundación. Este documento es conocido como la *Segunda Acta de Fundación.* Es un texto de acción de gracias y de renovación del compromiso contraído por la Alianza de Amor con María. Destaca todo lo que ha hecho la Sma. Virgen en y con Schoenstatt: «Ella se ha mostrado como la Madre tres veces admirablemente bondadosa, admirable y fiel».

En este escrito recalca el Padre Kentenich la necesidad de cultivar con esmero la conciencia de la misión y de ser instrumentos en manos de María; la necesidad de mantener inquebrantablemente el sello mariano de nuestras vidas, y la necesidad de poner en primer plano las contribuciones al Capital de Gracias.

132 ¿Cómo se dio el desarrollo histórico entre 1940 y 1945?

a. En septiembre de 1941, la Gestapo detiene al P. Kentenich mientras predica un retiro para sacerdotes en Schoenstatt. El Padre consigue posponer su arresto hasta concluir el retiro. Se presenta en el cuartel de la Gestapo de Coblenza el 20 de septiembre. Allí debe permanecer en el «Bunker» durante un mes.

b. El 24 y 25 de diciembre de 1941, nace la corriente del «Jardín de Maria».

133 ¿Qué es el Jardín de María?

a. El hecho histórico:

En 1941, el P. Kentenich es llevado a la cárcel de Coblenza por la Gestapo. El 23 de diciembre de ese mismo año, en vísperas de la Navidad, la Hermana Mariengard, perteneciente a la Comunidad de las Hermanas de María del Hospital de San José de Coblenza, tuvo la inspiración de escribir una carta al Niño Jesús pidiendo el milagro de liberar al Padre de la cárcel. Esta carta, que expresaba un gran cariño y ternura filial hacia el Padre, fue entregada a la Hermana Superiora quien la hizo llegar al Padre en la cárcel. El Padre la contestó, haciendo un juego de palabras entre Mariengard (el nombre de la Hermana) y Mariengarten (Jardín de María), diciéndole: «Cumpliré tu deseo cuando tu corazón y el corazón de toda nuestra Familia se haya convertido en un floreciente Jardín de María».

Las Hermanas asumen la invitación del Padre a esforzarse por ser un floreciente Jardín de María y se despliega un increíble esfuerzo por la santidad, para obtener así la liberación del Padre. De este modo se establece un entrelazamiento de destinos, una comunidad de corazones, de misión y de tarea entre el Padre y las Hermanas. Nace una profunda corriente de solidaridad que más tarde será asumida por toda la Familia de Schoenstatt.

Posteriormente, el Padre definirá el Jardín de María diciendo: «El Jardín de María está formado por pequeñas Marías que se han conformado en Cristo, que son portadoras de Cristo y que dan a luz a Cristo en el mundo, y que, con Cristo y en Cristo, giran en torno a Dios Padre».

b. Su significado:

En la corriente de vida del Jardín de María se hace patente la realidad de la «nueva comunidad» que persigue encarnar Schoenstatt como respuesta a nuestro tiempo, un tiempo donde reina el individualismo, la masificación y el secularismo materialista.

En el Jardín de María se pone de manifiesto un tipo de aspiración a la santidad, en el cual el amor y solidaridad humanos están íntimamente ligados al amor y solidaridad en el plano sobrenatural. El espíritu de la nueva comunidad –el estar el uno «en, para y con» el otro– es vivido intensamente.

Por otra parte, el Jardín de María ejemplariza la realidad de la redención por y en la cruz: nos dice que no hay purificación y elevación de la naturaleza, no hay fecundidad verdadera «si la semilla no cae en la tierra y muere»; que nuestra vida debe consistir en la plena y heroica entrega filial al Padre Dios en Cristo Jesús.

Otro aspecto esencial que se vive profundamente en el Jardín de María es la solidaridad de destinos de la Familia respecto al Fundador. En este sentido, el 20 de Enero de 1942 llevará a su máxima expresión toda la vida en torno al Jardín de María.

134 ¿Cuál es el segundo hito de la historia de Schoenstatt?

El segundo hito de la historia de Schoenstatt gira en torno al 20 de enero de 1942. Tiene como título: «En la confianza divina».

El P. Kentenich renuncia, voluntariamente y por amor a los suyos, a las posibilidades de liberación que se le ofrecía y prefirió ser llevado al campo de concentración de Dachau. Cree que ésta es la voluntad de Dios: ofrecer su libertad exterior para conquistar la libertad interior de los hijos de Schoenstatt. Con este paso, llama a la Familia a profundizar la Alianza de Amor en el sentido de la Inscriptio, es decir, del amor a la cruz, para alcanzar así la verdadera libertad de quien se sabe hijo de Dios. Este paso debía también convencer definitivamente a la Familia que la Santísima Virgen era la dueña de la Obra y que Ella no la iba a abandonar. El 20 de Enero de 1942 fue el día clave en que, en la práctica, se decidía la partida del Padre al campo de concentración. Esa fecha y todo lo que, a partir de ella, se desencadenó para el Padre y la Familia, marca profundamente la historia de Schoenstatt.

En el mes de marzo, el Padre es trasladado desde la prisión de Coblenza al campo de concentración de Dachau, situado al norte de München. Durante todo el tiempo de Dachau, se toma mayor conciencia de la posición del Padre como Fundador y Cabeza de la Familia y del indisoluble entrelazamiento de destinos entre él y los suyos. Esto condujo a una extraordinaria conciencia de unidad entre el Padre y la Familia, y a una profunda convicción del carácter marcadamente sobrenatural de Schoenstatt como obra e instrumento e Dios.

135 ¿Cuál es la relación entre el Jardín de María y el 20 de Enero?

La relación entre estas fechas y estos hechos tiene un sentido profundo que no permite separarlos.

La corriente del Jardín de María, que nace en la Navidad de 1941 (> 134), es fundamental para lo que se desencadenará posteriormente, a partir del 20 de Enero de 1942. El Jardín de María significó una corriente de amor natural y sobrenatural entre el Fundador y su Familia, un mutuo entrelazamiento y solidaridad de destinos, lo cual se desarrollará con más intensidad a partir del 20 de Enero de 1942 y se profundizará durante todo el tiempo de Dachau. Este entrelazamiento y solidaridad se expresó en la mutua responsabilidad del uno por el otro, en el esfuerzo por ganar la santidad de uno por la del otro, por obtener la libertad interior de uno por la libertad exterior del otro.

Más tarde, esta experiencia vital de mutuo amor natural y sobrenatural, de entrelazamiento y solidaridad de destinos entre el Padre y su Familia, será cuestionada y desencadenará la visitación canónica a Schoenstatt. El P. Kentenich, respondiendo a las observaciones que se hacía, escribe la «Epístola perlonga», cuya primera parte entregó el 31 de Mayo de 1949.

136 ¿Cómo fue la actividad del P. Kentenich en Dachau?

En medio del infierno de Dachau, el P. Kentenich desarrolla una intensa actividad dirigiendo espiritualmente a muchos compañeros de cautiverio, dando pláticas y retiros. Escribe, además, una abundante literatura ascética y espiritual. Funda el Instituto de los Hermanos de María, el Instituto de Familias y la Internacional de Schoenstatt.

137 ¿Cuál es la Tercera Acta de Fundación?

En 1944 el P. Kentenich pronuncia en Dachau las pláticas que son llamadas Tercera Acta de Fundación (la primera, el 24 de septiembre; la segunda el 18 de octubre y la tercera, el 8 de diciembre de ese mismo año).

Las tres pláticas, en su conjunto, presentan en forma detallada las actitudes básicas con que se ha de dar el paso hacia el Schoenstatt Internacional, a saber: el espíritu de fundadores, el espíritu de comunidad, el espíritu de jefes y el espíritu de instrumentos. Todo lo cual tiene su fundamento en un amor que lleva a la entrega absoluta y total del hombre entero, a lo largo de toda la vida, a la realización de los planes salvíficos de Dios sobre el universo.

138 ¿Cuándo se bendice el primer Santuario filial?

El 18 de octubre de 1943, mientras el Padre está en el campo de concentración, se construye el primer Santuario filial, igual al Santuario original de Schoenstatt, en Nueva Helvecia, Uruguay.

139 ¿Cuándo regresa el P. Kentenich a Schoenstatt?

El 25 de marzo de 1945, las tropas norteamericanas ocupan Schoenstatt y, el 6 de abril de este mismo año, es liberado el Padre en Dachau. Regresa a Schoenstatt en mayo. Así se realiza el «Milagro de la Noche Buena», por el cual había pedido la Familia durante todo este tiempo.

140 ¿Qué ocurre en Schoenstatt después de 1945?

Es el tiempo de los viajes del P. Kentenich al extranjero. Después de su liberación de Dachau, el P. Kentenich empieza a viajar al extranjero, convencido de que la Santísima Virgen quería glorificarse en todo el mundo a partir del Santuario.

Entre los años 1947 y 1951 viaja a Africa, a Norteamérica, a Brasil, Uruguay, Argentina y Chile. En todos los lugares visita las casas de los Padres Palotinos y de las Hermanas de María y consolida el Movimiento incipiente, persuadido, como estaba, de la importancia de educar el hombre nuevo que la Iglesia necesita en los tiempos actuales.

Durante estos años, se reorganiza la rama de Sacerdotes Diocesanos de Schoenstatt; la Federación Apostólica de Sacerdotes se constituye como rama independiente y pasa a ser instituto (18.10.1945). Sobre las normas de derecho privado, se erigió el Instituto de Sacerdotes Diocesanos de Schoenstatt. En 1946, se funda el Instituto Secular de Nuestra Señora de Schoenstatt.

En marzo de 1947 se concede al Padre una audiencia privada con el Papa Pío XII. En ella se habló sobre el documento papal «Provida Mater Ecclesia», donde se establecían las bases canónicas para los Institutos Seculares, que era lo que el P. Kentenich había soñado para los Institutos fundados por él. A continuación viaja por primera vez a Sudamérica.

En 1948 el Padre viaja nuevamente a Sudamérica y el 11 de abril de este año bendice el Santuario filial en Santa María, Brasil. Durante todos estos años se profundiza en las diversas ramas de la Familia la «corriente de seguimiento», prometiéndole un seguimiento filial al Padre como Fundador y Cabeza de la Familia. El 20 de mayo de 1949 bendice el Santuario filial de Bellavista.

141 ¿Cuál es el «tercer hito» de la historia de Schoenstatt?

El tercer hito de la historia de Schoenstatt se sitúa en el 31 de mayo de 1949. Tiene como título: «En la fuerza divina»

El Padre Fundador deseaba que Schoenstatt fuese aprobado oficialmente por la Iglesia. Y en febrero de 1949 se lleva a cabo la Visita Canónica episcopal a las Hermanas de María, por el obispo auxiliar de Tréveris. A esta visitación se siguieron algunas observaciones del visitador, a las que el Padre Kentenich respondió ampliamente en una carta a los obispos alemanes, en la así llamada «Epistola perlonga» (larguísima carta).

La primera parte de esta carta la envía desde el Santuario de Bellavista, el 31 de Mayo de l949, fecha que marca el tercer hito de la historia de Schoenstatt.

Unida al acontecimiento del 31 de Mayo de 1949, está la proclamación que hace el Padre Kentenich, desde el Santuario de Bellavista, de una cruzada por el pensar, amar y vivir orgánicos, y, el 5 de junio (fiesta de Pentecostés de ese año) la coronación de la MTA como Reina de la cruzada recién proclamada.

La cruzada iniciada por el Padre tiene particularmente en vista los destinos de Occidente. «Vemos cómo Occidente camina a la ruina y creemos que desde aquí vamos a realizar un trabajo de salvataje, de construcción y edificación», afirmaba el P. Kentenich en su plática del 31 de Mayo. Esto requería que Schoenstatt llegase a ejercer «una influencia más poderosa en la forjación de los destinos de la Iglesia en el espacio cultural de Occidente», lo que más tarde expresó el mismo P. Kentenich con la frase: «Schoenstatt, corazón de la Iglesia».

El 31 de Mayo implica, además, que desde el Santuario de Bellavista, en unión con todos los Santuarios filiales llamados a esta cruzada, surja una «contracorriente», que vaya en ayuda del Santuario original de Schoenstatt para que pueda derribar el «muro del pensar mecanicista» y María se muestre en él como la gran vencedora de las herejías antropológicas de nuestro tiempo. Es por esto que la realización de la misión del 31 de Mayo exige también la formación y fortalecimiento de la «Internacional Schoenstattiana», nacida en el campo de concentración de Dachau.

142 ¿Qué consecuencias acarreó el paso del 31 de Mayo de 1949?

La franqueza y claridad del P. Kentenich en su respuesta no fueron bien comprendidas. Sin tenerse reparos respecto a la ortodoxia en la doctrina, el Santo Oficio decidió su separación de la Familia, sin desmedro para la aprobación de su Obra.

En Semana Santa de 1951 se inicia la Visita Apostólica a Schoenstatt, encargada por el Santo Oficio. Y en agosto de este mismo año se comunica al P. Kentenich la destitución de su cargo como Director General de las Hermanas de María. En octubre, debe abandonar Schoenstatt.

El 17 de enero de l952, el Padre viaja a Argentina y bendice allí, el 20 de enero, el Santuario de Florencio Varela. Viaja a Chile, y en junio de este mismo año parte al destierro en Milwaukee (USA) donde, durante 14 años, tuvo que sufrir la soledad y la cruz de la obediencia. Había luchado por la libertad necesaria dentro de la Iglesia y tuvo el valor de exponer sus ideas, pero se lo sometió a prueba. Obedeció fielmente y supo esperar (en Milwaukee) 14 años, sabiendo que la misma Madre Iglesia que lo crucificaba, también lo bajaría de la cruz.

143 ¿Cuál es la relación entre el 20 de Enero y el 31 de Mayo?

El Jardín de María y el 20 de Enero pierden su dimensión y proyección histórica si se desconectan vitalmente del 31 de Mayo y viceversa. Y ello ocurre porque la experiencia de vida del Jardín de María está en el trasfondo del 31 de Mayo. Después de Dachau, el P. Kentenich reafirmó su convencimiento de que Schoenstatt es una obra divina y que como tal, es para la Iglesia. Por esta razón, él siente la urgencia de que Schoenstatt sea reconocido por la Iglesia, que esta vida surgida en torno al Jardín de María y del 20 de Enero sea recibida por ella como manera de vivir la fe en un tiempo en el cual celebra su triunfo la separación mecanicista de fe y vida, de Dios y el hombre, de lo divino y de lo humano, de gracia y naturaleza.

La vida surgida en torno al Jardín de María y el 20 de Enero mostraba en forma concreta un caso clásico de la armonía entre naturaleza y gracia. Fue esto lo que no logró comprender el Visitador y lo que planteó como objeción a Schoenstatt, originando la carta-respuesta del P. Kentenich. Con la proclamación de la cruzada del 31 de Mayo, el

P. Kentenich manifiesta su anhelo de que aquello que vivió la Familia –la pedagogía y espiritualidad que está en el trasfondo del Jardín de María y el 20 de Enero– llegue a fecundar la vida de la Iglesia y a suscitar en ella una vivencia análoga a la vivida por la Familia de Schoenstatt.

144 ¿Cuántas veces vino el P. Kentenich a Latinoamérica?

El *primer viaje* se inició el 15 de marzo de 1947. Desde Roma, después de una audiencia privada con Pío XII, viaja a Brasil, Uruguay, Argentina y Chile. El 12 de septiembre regresa desde Río de Janeiro a Roma.

El *segundo viaje* se inicia el 17 de abril de 1948; arriba a Río de Janeiro, Brasil, desde Johannesburgo. El 11 de abril bendice el Santuario filial de Santa María (Río Grande do Sul). El 6 de junio viaja a Norteamérica.

Tercer viaje: el 7 de septiembre regresa a Santiago y aloja en la casa que las Hermanas de María tenían en la calle Manuel Montt. El 18 de octubre bendice la primera piedra del Santuario de Bellavista (Chile).

El 20 de mayo de 1949 bendice el Santuario filial en Bellavista. El 31 de Mayo de ese mismo año el P. Kentenich pone en el Santuario de Bellavista la primera parte de su respuesta a las objeciones hechas por el visitador a Schoenstatt. El 5 de junio, estando todavía en Bellavista, corona la imagen de la Madre Tres Veces Admirable en el Santuario recién inaugurado.

El 19 de enero de 1950 vuelve a Roma para participar en la beatificación de Vicente Pallotti, el 22 de enero.

El *cuarto viaje* : el 18 de enero de 1951, llega a Argentina, visita Chile, Uruguay y Brasil. Regresa a Roma el 19 de abril de l951.

El *quinto viaje* a Latinoamérica, se inicia el 17 de enero de 1952. En Argentina bendice el Santuario filial de Florencio Varela, el 20 de enero. El 20 de junio viaja desde Chile al destierro en Milwaukee, en los Estados Unidos.

145 ¿Cómo se desarrolló el Movimiento durante los años de exilio del Padre Fundador?

Durante todo este tiempo, en la Familia de Schoenstatt se desencadenó una corriente de oración y de sacrificio por el retorno del Fundador. Fue un movimiento espontáneo, de alto espíritu de fe y de esperanza heroica, que no mermó durante los años, sino que creció y se manifestó a veces en ofrendas heroicas. La corriente de vinculación y solidaridad con el Padre como su Fundador y Cabeza, surgida en los años de Dachau, se hizo aún más fecunda.

La Familia, año tras año, mostró una gran fidelidad a la Iglesia y guardó un silencio total, ateniéndose a la convicción que inspiraba al P. Kentenich: «María será glorificada. No nos cansemos ni nos dejemos arrastrar por el desaliento en hacer lo nuestro. Pero mi liberación y la liberación de la Familia de Schoenstatt es asunto que se ha reservado a la Santísima Virgen».

Por su parte, el P. Kentenich, igual que durante toda su vida, desde Milwaukee desarrolló una intensa labor. Fue el hombre de una correspondencia epistolar amplia y personal, al servicio, en su mayor parte, de la dirección espiritual. Este trabajo minucioso e incansable en las almas era la causa del secreto de la eficacia del P. Kentenich. Era la experiencia de lo sobrenatural, del más allá, de lo divino, que se vivía bajo la dirección personal del P. Kentenich, lo que verdaderamente impulsaba a adherirse a Schoenstatt.

En aquella época se consolida la Obra de Familias y se gesta una nueva forma de vivencia en la Alianza dentro del Movimiento de Schoenstatt: el Santuario Hogar. El mismo Padre bendijo numerosos Santuarios Hogar de las familias en Milwaukee.

Durante este tiempo ocurrieron celebraciones de relieve en la vida del Padre. En septiembre de 1956 celebró las bodas de oro de su profesión religiosa. En 1960 celebra sus bodas de oro sacerdotales.

En 1959 se hizo cargo de la parroquia alemana de San Miguel. Desde allí promovió una rica actividad pastoral: introdujo fiestas parroquiales propias, promovió la formación de un coro parroquial, editó una hoja informativa; alentó peregrinaciones a los Santuarios marianos y desplegó una adecuada actividad con los emigrantes europeos. La temática de sus prédicas dominicales tocaba los problemas medulares de la época. En toda esta actividad fue decisiva su personalidad y vida plenamente sacerdotal, marcada por lo sobrenatural y por su profundo amor a esa Iglesia que lo tenía en la cruz.

En el año 1962, el Papa Juan XXIII abre el Concilio Vaticano II. La atmósfera que se dio en el transcurso del Concilio contribuyó mucho a abrir y fomentar una mejor comprensión de Schoenstatt y de su Fundador.

146 ¿Cómo terminó este período de exilio impuesto por la Iglesia?

Mientras se llevaba a cabo la última sesión del Concilio Vaticano II, el Padre Kentenich es llamado a Roma. El 22 de octubre de 1965, el Papa Paulo VI firma el decreto del Santo Oficio que implica la rehabilitación del P. Kentenich, y el 22 de diciembre le recibe en audiencia especial. El P. Kentenich pudo regresar a Schoenstatt en la Noche Buena del mismo año. Así acabó oficialmente el destierro del P. Kentenich. El 22 de octubre de 1951 había dejado Schoenstatt, y su «liberación» ocurría exactamente catorce años después. Sucedió como él mismo lo había predicho: La misma Iglesia que lo había crucificado lo bajaría de la cruz.

El P. Kentenich celebra sus 80 años en libertad, en Roma, junto a representantes de todos los Institutos y comunidades de la Familia de Schoenstatt. En noviembre de 1965 se retira de la Comunidad de los Palotinos y es recibido por Mons. Höffner en la diócesis de Münster.

147 ¿Cómo se consolidó la fundación de la Obra desde 1965 a 1968?

Después de su regreso a Schoenstatt, el P. Kentenich trabaja intensamente, a pesar de su avanzada edad, uniendo y vitalizando su Obra por medio de incontables retiros, jornadas y consultas personales y comunitarias. Muestra nuevamente a la Familia la irrupción de Dios en su historia, toma posición ante las corrientes del tiempo y las interpreta a la luz de la Divina Providencia, mostrando cómo Schoenstatt es una obra preparada y destinada por Dios para servir a la Iglesia en esta etapa posconciliar y para ayudarla a alcanzar las nuevas playas hacia las cuales camina.

Entre los suyos era mucho más padre que antes. La energía que le animaba se traducía como nunca en una luminosa y bondadosa paternidad, que desde su persona se irradiaba con una claridad y espontaneidad meridianas. Su salud es débil pero, como buen pastor, no se preocupa, dando la vida por los suyos y amándolos hasta el fin.

En septiembre de 1968, el P. Kentenich da como lema a la Familia la consigna: «Alegres por la esperanza, con María, seguros de la victoria, hacia los tiempos más nuevos».

148 ¿Cuándo falleció el P. Kentenich?

El 15 de septiembre de 1968, el Padre Kentenich fallece sorpresivamente en la sacristía de la Iglesia de la Santísima Trinidad, después de celebrar la Eucaristía. Para resumir lo más profundo de su vida, había pedido que en su lápida mortuoria aparecieran solamente las palabras: «Dilexit Ecclesiam», «Amó a la Iglesia». Amó a la Iglesia con todas sus fuerzas y la sirvió ofreciéndole una nueva Obra que es la Familia de Schoenstatt. Amó a la Iglesia, porque amó a María, figura y Madre de la Iglesia. Todo su amor lo entregó a la Iglesia, toda su vida fue para la Iglesia, para la Iglesia del presente y sobre todo para la Iglesia del futuro.

149 ¿Qué sucedió después de la muerte del Padre Kentenich?

Tras su muerte, surgió en forma espontánea una veneración al P. Kentenich. Pablo VI, Juan Pablo II, obispos, sacerdotes y fieles manifiestan su admiración y amor hacia él. El lugar de su muerte, la sacristía de la Iglesia de la Santísima Trinidad en el Monte Schoenstatt, se ha transformado en la sencilla «Capilla del Fundador». El número de peregrinos que acuden hasta allí crece de año en año. La veneración al Padre se propaga por todo el mundo.

La actividad fecunda del P. Kentenich después de su muerte, se manifiesta en su poder de intercesión. Las oraciones y súplicas escuchadas que se atribuyen a su mediación aumentan de día en día y provienen de muchos países y en numerosas lenguas.

Con el proceso de su beatificación que se ha iniciado en 1975, Schoenstatt quiere ofrecer a toda la Iglesia la riqueza de la misión del P. Kentenich en su camino hacia las nuevas playas.

Muchos en la Iglesia esperan el impulso de Schoenstatt y sus respuestas a las interrogantes vitales del tiempo actual. Al igual que en el tiempo de su fundación, muchos buscan en la fecundidad de la Alianza de Amor, el valor y la confianza en Dios.

150 ¿Cuál es el cuarto hito de la historia de Schoenstatt?

Está asociado a tres fechas: el 22 de octubre (el Santo Padre, Pablo VI, confirma el decreto del Santo Oficio, por el cual el P. Kentenich quedaba liberado), el 22 de diciembre (audiencia papal) y el «24 de diciembre de 1965». en que el Padre regresa a Schoenstatt, en la «victoriosidad divina», segundo milagro de la Nochebuena, después de pasar 14 años de exilio en Milwaukee. Con este hito se relaciona también la clausura del Concilio Vaticano II, el 8 de diciembre de 1965, a la cual el Fundador se asocia bendiciendo simbólicamente la primera piedra del futuro Santuario de Schoenstatt en Roma, renovando, además, la promesa hecha a Pablo VI, en su audiencia del 22 de diciembre, mediante la cual Schoenstatt se compromete a colaborar en la realización del programa elaborado por el Concilio.

Anexo

- GUÍA DE LECTURA
- BIBLIOGRAFÍA SCHOENSTATTIANA
- ÍNDICE TEMÁTICO
- SANTUARIOS SCHOENSTA[...] EN AMÉRIC[...] ESPAÑA Y PORTUGAL

Guía de lectura

Para un primer encuentro con Schoenstatt es recomendable leer alguna biografía del Fundador, el P. José Kentenich. A través de su vida se puede lograr una visión general de la historia y misión de su Obra. En este sentido, es especialmente recomendable **«Un Profeta de María»**, del P. Esteban Uriburu, o bien **«La historia del Padre José Kentenich»**, del P. Hernán Alessandri y P. Juan Pablo Catoggio.

Si se quiere algo más elaborado y completo desde el punto de vista histórico, es aconsejable el libro **«Una Vida para la Iglesia»**, del P. Engelbert Monnerjahn.

Un acceso a Schoenstatt, desde la perspectiva mariana, se obtendrá recurriendo al libro **«La Hora de María»**, del P. Rafael Fernández de A. Si se desea, en cambio, una introducción, a partir de Schoenstatt como lugar de gracias, recomendamos **«¿Qué significa el Santuario de Schoenstatt?»**, del P. Hernán Alessandri. En él se encontrará también una presentación de Schoenstatt desde una perspectiva cultural y eclesial.

Si el lector busca conocer más directamente el pensamiento del Padre Kentenich, su diagnóstico del tiempo actual y su propuesta de renovación de la Iglesia y la sociedad, recomendamos el libro **«Desafíos de nuestro Tiempo, tomo I»**.

La **Colección Carisma** permite familiarizarse con diversas temáticas centrales, tanto eclesiales como culturales, en la perspectiva schoenstattiana.

Los tres libros del P. Hernán Alessandri: **«Al encuentro del Dios de la vida»**, **«Nuestra vida de Alianza con Dios»** y **«Nuestra**

misión, ser alma del mundo», abordan lo que se denomina «triple mensaje de Schoenstatt»: la Fe Práctica en la Divina Providencia, la Alianza de Amor, y la Conciencia de Misión. Constituyen por ello una adecuada introducción a Schoenstatt.

Si alguien desea tomar contacto con el mundo espiritual del Padre Kentenich, puede leer, por ejemplo: **«Cómo hablar con Dios»,** **«Vivir la Misa todo el día»,** la **«Serie Prédicas»,** **«Cristo es mi vida. Con Cristo en el tercer milenio»,** de Editorial Patris y otros libros sobre esta materia indicados en la bibliografía general.

Bibliografía schoenstattiana

La lista de libros que presentamos a continuación trata de ser lo más completa posible. Recoge títulos de libros existentes en librerías y también ya agotados. Indicamos estos últimos para que el lector al menos sepa de su existencia y pueda buscarlos en bibliotecas.

Los libros están catalogados de acuerdo a diversas temáticas, a fin de hacer más práctico el uso de la bibliografía. Ello explica algunas reiteraciones de títulos.

A continuación sugerimos una pequeña guía de lectura para aquellos que recién se inician en el conocimiento de Schoenstatt.

I. Libros introductorios

Los libros que siguen proporcionan una visión general del Movimiento de Schoenstatt, o bien, muestran un aspecto central del mismo.

1. AL ENCUENTRO DEL DIOS DE LA VIDA, Serie Fe y Vida N° 1, *P. Hernán Alessandri*, Editorial Patris. Introducción a la fe práctica en la Divina Providencia, llave maestra de la espiritualidad de Schoenstatt.
2. NUESTRA VIDA DE ALIANZA CON DIOS, Serie Fe y Vida N° 2, *P. Hernán Alessandri*, Editorial Patris. La vida del hombre como una gran historia de alianza con Dios.
3. NUESTRA MISIÓN, SER ALMA DEL MUNDO, Serie Fe y Vida N° 3, *P. Hernán Alessandri*, Editorial Patris. La misión evangelizadora de la Iglesia como Pueblo de Dios en el mundo.
4. SCHOENSTATT, ¿QUÉ ES?, *P. Guillermo Carmona*, Editorial Patris. Visión general de Schoenstatt, sus fines, su espiritualidad y pedagogía.
5. ALIANZA, CAMINO DE VIDA, *P. Antonio Cosp*, Editorial Patris Argentina. La Alianza de Amor como fundamento de la espiritualidad y piedad schoenstattianas.
6. EL HOMBRE NUEVO, Serie Estudios N° 1, *P. Heriberto King*, Editorial Patris. Análisis del concepto de hombre nuevo según el pensamiento del P. José Kentenich.
7. PERSPECTIVAS Y OPCIONES, Serie Estudios N° 2, *P. Guillermo Carmona*. Reflexiones introductorias al Movimiento de Schoenstatt.
8. INTRODUCCIÓN A SCHOENSTATT, Serie Conociendo Schoenstatt N° 1, *P. Carlos Cox*, Editorial Patris. Describe el Movimiento de Schoenstatt, su espiritualidad y sus metas en la perspectiva del tiempo actual.
9. ORGANIZACIÓN Y ESTRUCTURA DE SCHOENSTATT, Serie Conociendo Schoenstatt N° 2, *P. Luis Ramírez*, Editorial Patris.

Principios y criterios que definen la organización y estructura de Schoenstatt.

10. ESTRATEGIA CONTRA LA DESINTEGRACIÓN, Serie Conociendo Schoenstatt N° 3, *P. Carlos Cox,* Editorial Patris. Programa del Padre Fundador de Schoenstatt para superar los problemas vitales del hombre y la cultura actuales.

11. SOLIDARIDAD DE DESTINOS, Serie Conociendo Schoenstatt N° 4, elaboración del *P. Rafael Fernández de A.,* Editorial Patris. Selección de textos del Padre Kentenich que hablan de su profunda vinculación con la Familia de Schoenstatt.

12. LA VINCULACIÓN AL FUNDADOR EN SCHOENSTATT, *P. Hernán Alessandri y P. Rafael Fernández de A.,* Serie Conociendo Schoenstatt N° 5, Editorial Patris. Los fundadores en la Iglesia, la posición del fundador en la Obra de Schoenstatt y el por qué de la acentuada vinculación a él.

13. EL JARDÍN DE MARÍA Y EL 20 DE ENERO, *P. Rafael Fernández de A.,* Serie Conociendo Schoenstatt N° 6, Editorial Nueva Patris. La corriente de solidaridad y responsabilidad mutua entre el Fundador y su Familia de Schoenstatt, en el tiempo de Dachau.

14. LA FAMILIA DE SCHOENSTATT. ESTRUCTURA DE LA OBRA DE FAMILIAS, *P. Humberto Anwandter,* Editorial Patris. Fundamentos de la estructura de la Obra de Familias, también aplicables a otras a otras Ramas del Movimiento de Schoenstatt.

15. UN PROFETA DE MARÍA, *P. Esteban Uriburu,* Editorial Patris. Relato de la vida del P. José Kentenich en un estilo ágil, ameno y sencillo que nos permite un primer encuentro con su persona y la historia de Schoenstatt.

16. LA HORA DE MARÍA, *P. Rafael Fernández de A.,* Editorial Patris. La persona y misión de María para nuestro tiempo, según la perspectiva de Schoenstatt.

17. ¿QUÉ SIGNIFICA EL SANTUARIO DE SCHOENSTATT?, *P. Hernán Alessandri,* Editorial Patris. Significado de los santuarios marianos y, en particular, del Santuario de Schoenstatt.

18. DOCUMENTOS DE SCHOENSTATT, *P. José Kentenich,* Editorial Patris. Para un nivel de introducción, particularmente el Acta de Prefundación, la Plática de fundación de la Congregación Mariana y la Primera Acta de Fundación.

19. INTRODUCCIÓN A SCHOENSTATT, *P. Rafael Fernández de A.,* (manuscrito). Presentación de los elementos centrales del Movimiento de Schoenstatt.

20. 150 PREGUNTAS SOBRE SCHOENSTATT, *P. Rafael Fernández de A.,* Editorial Nueva Patris. Preguntas y respuestas acerca de la historia del Movimiento de Schoenstatt, su espiritualidad, organización y estructura.

21. SCHOENSTATT, GUÍA DEL PEREGRINO, *P. Esteban Uriburu,* Editorial Patris. Sobre la misión del Movimiento Popular y de Peregrinos de Schoenstatt.

22. CLAVES DE LA ESPIRITUALIDAD DE SCHOENSTATT. *P. Eduardo Aguirre,* Editorial Nueva Patris. El autor describe cada una de las fuentes de vitalidad de la Familia de Schoenstatt: si fuente de vida; la alianza de amor; su fuerza propulsora, la fe práctica en la divina Providencia, y su impulso de conquista, la conciencia de misión.

23. VIVIENDO EN ALIANZA. Serie Cuadernos de Formación Nª 1 – *Central de Asesores.* Fichas pedagógicas elaboradas por un grupo de Padres de Schoenstatt para preparar y profundizar la alianza de amor en Schoenstatt.

24. COLECCIÓN CARISMA, Editorial Patris. Cada número de la Colección Carisma aborda un tema de especial interés y actualidad, a través de entrevistas, reportajes y textos escogidos del Magisterio y del P. José Kentenich.
Nº 1 *La fe práctica en la Divina Providencia* / Nº 2 *El trabajo* / Nº 3 *La presencia del P. Kentenich* / Nº 4 *María hoy* / Nº 5 *La familia* / Nº 6 *La autoridad* / Nº 7 *La sexualidad* / Nº 8 *La mujer* / Nº 9 *Dignificar al hombre* / Nº 10 *Culpa y reconciliación* / Nº 11 *La Iglesia viva* / Nº 12 *La imagen del varón* / Nº 13 *El sentido*

del dolor / Nº 14 *Santidad en medio del mundo* / Nº 15 *La educación de los hijos* / Nº 16-17 *José Kentenich, un hombre, una misión* / Nº 18 *La política* / Nº 19-20 *Como los niños (niños ante Dios)* / Nº 21 *Desafíos de una visita (Juan Pablo II en Chile)* / Nº 22 *María y la Nueva Evangelización* / Nº 23-24 *Laicos y Movimientos de Iglesia* / Nº 25-26 *La Eucaristía* / Nº 27 *Un nuevo adviento para América Latina (Nueva Evangelización)* / Nº 28 *La afectividad* / Nº 29 *Jesucristo, el Señor* / Nº 30 *Amar lo creado* / Nº 31 *Doctrina Social* / Nº 32 *Dios Padre.*

25. SCHOENSTATT, CAMINO DE SANTIDAD, *P. Carlos Padilla E.*, Editorial Nueva Patris. Con un lenguaje moderno y creativo, el autor nos introduce en el camino hacia la santidad, de Schoenstatt, de la mano de María.

26. EL SANTUARIO, FUENTE DE VIDA, TEXTOS ESCOGIDOS DEL P. JOSÉ KENTENICH, *Peter Wolf (Ed.).* Editorial Nueva Patris. Colección de pensamientos y citas del P. Kentenich sobre el significado, misión y trascendencia del Santuario de Schoenstatt, como lugar de gracias, taller de santidad, fuente de renovación de las raíces de nuestra fe cristiana y origen de una nueva cultura.

27. UNIDOS AL PADRE FUNDADOR, *Peter Wolf,* Editorial Nueva Patris, Santiago, Chile. Colección de textos sobre la importancia y urgencia de una siempre renovada y vital vinculación al fundador de la Familia de Schoenstatt como la fuente de gracias necesarias para vivir y encarnar su misión en la Iglesia en el mundo mensaje.

II. Historia de Schoenstatt y biografías

A. Historia de Schoenstatt

1. BAJO LA PROTECCIÓN DE MARÍA, *Ferdinand Kastner,* Tomos I y II, Editorial Schoenstatt. Recopilación de apuntes de pláticas, estudios y documentos del P. Kentenich en torno a los primeros tiempos de Schoenstatt.

2. HISTORIA DE SCHOENSTATT, Editorial Schoenstatt. Principales hitos de la historia del Movimiento Apostólico de Schoenstatt y de la vida de su Fundador.

3. HISTORIA DE BELLAVISTA, *cardenal Francisco Javier Errázuriz,* (manuscrito). Sobre la fundación y primeros años del Movimiento de Schoenstatt en Chile.

4. CORAZÓN DE LA IGLESIA, *Bárbara Brain,* Ediciones Paulinas. Historia de la vida surgida desde y en torno al Santuario de Bellavista, durante 25 años, de 1949 hasta 1974, año jubilar.

5. LA PROPUESTA EVANGELIZADORA DE SCHOENSTATT, *P. Hernán Alessandri,* Editorial Nueva Patris. Texto de profundización de la misión de Schoenstatt desde una perspectiva histórica, en la óptica de la misión del 31 de Mayo de 1949, como aporte y desafío permanente al llamado de la Iglesia a una nueva evangelización.

6. POR QUE MILWAUKEE, *P. Rafael fernández de A.,* Editorial Patris. Razones de la separación del P. José Kentenich de su obra, la Familia de Schoenstatt y su destierro a Milwaukee durante 14 años. La incomprensión de su mensaje y su relevancia.

7. NUESTRO SANTUARIO CENÁCULO. *P. Rafael Fernández de A.* (manuscrito). El Santuario Cenáculo de Bellavista y su misión pentecostal.

8. MEDITACIONES EN EL SANTUARIO. *Juan Enrique Coeymans,* Editorial Patris. Oraciones poéticas para profundizar en la riqueza que encierra cada uno de los objetos y símbolos del Santuario de Schoenstatt. Historia de cada uno de estos símbolos.

9. HÉROES DE FUEGO. ARDIERON HASTA CONSUMIRSE, *P. Jonathan Niehaus,* Editorial Patris Argentina y Patris España. Relatos de cartas, diarios personales y crónicas que hablan de la historia fundacional del Movimiento de Schoenstatt, escritos por los jóvenes congregantes héroes desde las trincheras del frente de batalla durante la Primera Guerra Mundial, 1914.

11. EL ADELANTADO DE LA MATER, SAN VICENTE PALLOTTI, PRECURSOR DE SCHOENSTATT. *P. Francisco García-Huidobro*. Ed. Nueva Patris. Vida y misión de san Vicente Pallotti a quien el P. José Kentenich reconoce como "adelantado" de su fundación, el Movimiento Apostólico de Schoenstatt.

B. Biografías del P. Kentenich

1. UN PROFETA DE MARÍA, *P. Esteban Uriburu*, Editorial Patris. Relato de la vida del P. José Kentenich en un estilo ágil, ameno y sencillo que nos permite un primer encuentro con su persona y la historia de Schoenstatt.

2. EL PADRE KENTENICH, *P. Hernán Alessandri*, Editorial Schoenstatt. Principales etapas de la vida del Fundador de Schoenstatt, destacando el carisma de su paternidad.

3. JOSÉ KENTENICH, UNA VIDA PARA LA IGLESIA, *Engelbert Monnerjahn*, Ediciones Encuentro. Completa fisonomía de la vida y obra del Padre y Fundador de Schoenstatt y su legado espiritual a la Iglesia.

4. AUTORRETRATO, *P. Juan Pablo Catoggio*, Editorial Patris. Recopilación de palabras del P. Kentenich, de carácter autobiográfico, que nos permiten conocerlo en profundidad.

5. SOLIDARIDAD DE DESTINOS, Serie Conociendo Schoenstatt Nº 4, elaboración del *P. Rafael Fernández de A.*, Editorial Patris. Selección de textos del Padre Kentenich que hablan de su profunda vinculación con la Familia de Schoenstatt.

6. LA VINCULACIÓN AL FUNDADOR EN SCHOENSTATT, Serie Conociendo Schoenstatt Nº 5, *P. Rafael Fernández de A. y P. Hernán Alessandri*, Editorial Patris. Los fundadores en la Iglesia, especialmente el fundador de Schoenstatt y el por qué de la acentuada vinculación de la Familia de Schoenstatt a él.

7. HUELLAS DE UN PADRE, *P. Esteban Uriburu*, Editorial Patris. Presencia y mensaje del P. José Kentenich, en sus visitas a América Latina.

8. JOSÉ KENTENICH, (traducción de Revista Regnum), Serie Biblioteca Schoenstattiana Nº 2. Ocho aproximaciones a la persona y obra del P. Kentenich.

9. LA PRESENCIA DEL P. KENTENICH, Revista Carisma Nº 3, Editorial. Patris. Diversos artículos, entrevistas, reportajes y testimonios que hablan de la persona y misión del Padre Kentenich.

10. JOSÉ KENTENICH: UN HOMBRE, UNA MISIÓN, Revista Carisma 16-17, Editorial Patris. Un acercamiento vital al P. José Kentenich, a través de diversos artículos, testimonios, entrevistas y documentos.

11. TESTIMONIOS SOBRE EL P. KENTENICH, *P. Esteban Uriburu*, Editorial Schoenstatt. Relatos acerca del Fundador de Schoenstatt de personas que lo conocieron personalmente.

12. HEMOS CONOCIDO A UN PADRE, *M. Annette Nailis*, Editorial Instituto Hermanas Marianas, Argentina. Anécdotas y reflexiones sobre la vida del P. Kentenich.

13. P. JOSÉ KENTENICH, *Bárbara Brain*, Serie Héroes de nuestro tiempo, Editorial Salesiana. Breve y sencilla biografía del Padre Kentenich.

14. COMO ABRAHAM EN EL MONTE, *P. Raúl Hasbún*, (manuscrito). Testimonio del autor sobre el P. Kentenich, desde una perspectiva eclesial.

15. LA HISTORIA DEL PADRE KENTENICH, *P. Hernán Alessandri, P. Juan Pablo Catoggio*, Editorial Nueva Patris. Principales etapas de la vida del Fundador del Movimiento de Schoenstatt, con textos autobiográficos, destacando el carisma de su paternidad.

16. KENTENICH READER, TOMO I: ENCUENTRO CON EL PADRE FUNDADOR, *Peter Locher, Jonathan Niehaus, Hans-Werner Unkel, Paul Vautier*, Editorial Nueva Patris. Esta colección de textos autobiográficos e históricos del P. José Kentenich permite al lector adentrarse en el espíritu del fundador de Schoenstatt y tener un amplio panorama de los valores centrales de la espiritualidad schoenstatiana.

17. REBELDE DE DIOS, JOSÉ KENTENICH Y SU VISIÓN DE UN MUNDO NUEVO, *Christian Feldman*. Editorial Patris, Argentina. Relato de la increíble historia de la alianza de amor entre Dios y José Kentenich, hecho por un periodista no schoenstatiano, biógrafo de grandes personalidades cristianas y uno de los más perspicaces de Alemania, quien, al investigar la vida del P. Kentenich, fue quedando más y más fascinado con este "rebelde de Dios".

18. LOS AÑOS OCULTOS. PADRE JOSÉ KENTENICH, INFANCIA Y JUVENTUD (1885-1910), *Dorotea M. Schlickmann*. Editorial Schoenstatt-Nazaret, Florencio Varela, Argentina. Una nutrida recopilación de documentos oficiales y personales, declaraciones directas o indirectas del mismo P. Kentenich sobre su propia vida; investigaciones históricas, testimonios de amigos, conocidos, maestros y profesores como también declaraciones y relatos de parientes y otras personas, conforman el presente estudio del período de la vida del P. José Kentenich que va desde 1885 a 1910.

19. EL PRISIONERO 29392, EL FUNDADOR DEL MOVIMIENTO DE SCHOENSTATT, PRISIONERO DE LA GESTAPO (1941-1945), *P. Engelbert Monnerjahn*, Editorial Patris, Ed. Nueva Patris. El autor describe los años de prisión del P. Kentenich como un tiempo de gran fecundidad, de nuevas fundaciones, de gran inspiración y producción literaria de un hombre elegido por Dios que logró vencer la dramática lucha entre el poder de Dios y los poderes infernales en ese horrendo espacio de Dachau, "ciudad de muerte, de locos y de esclavos".

C. Biografías de miembros destacados del Movimiento de Schoenstatt

1. JOSÉ ENGLING, UN HÉROE DE NUESTRO TIEMPO, Editorial Patris. Vida de José Engling presentada en forma de historieta ilustrada.

2. 140.000 KILÓMETROS CAMINANDO CON LA VIRGEN, *P. Esteban Uriburu*, Editorial Patris. Vida y andanzas de Joao Pozzobon junto a la Virgen Peregrina.

3. HÉROE HOY, NO MAÑANA, *P. Esteban Uriburu*, Editorial Patris. Vida del diácono Joao Luiz Pozzobon, hombre sencillo que experimentó una honda transformación en Cristo y María.

4. JULIO STEINKAUL, *P. Joseph Klein*, Editorial Patris. Biografía de un schoenstattiano, héroe de la segunda guerra mundial, perteneciente a la generación Ver Sacrum (Primavera Sagrada).

5. MARIO HIRIART, *P. Esteban Uriburu*, Editorial Patris. Vida de un joven profesional schoenstattiano, perteneciente al Instituto de los Hermanos de María.

6. EL ENCUENTRO DE UN LAICO CON DIOS, *P. Benito Schneider*. Reflexiones sobre la vida de Mario Hiriart, hechas por su director espiritual.

7. MARIO HIRIART, CÁLIZ VIVO, PORTADOR DE CRISTO, Editorial Patris. Reflexiones autobiográficas del autor sobre su Ideal Personal.

8. BÁRBARA KAST, *P. Esteban Uriburu*, Editorial Schoenstatt. Itinerario espiritual de una joven de 18 años, en cuya vida se percibe el paso de Dios y la respuesta alegre y generosa del hombre.

9. MARÍA JESÚS, UN MILAGRO DE AMOR, *Ana María Figueroa*, Editorial Nueva Patris. Historia de una niña de 12 años cuya corta vida ilumina nuestro peregrinar hacia el cielo.

10. JOSÉ ENGLING, *P. Alex Menningen*. Editorial Nueva Patris. El autor fue compañero de José Engling y discípulo predilecto del P. Kentenich. Eso hace que esta biografía de José Engling sea particularmente importante.

11. NUESTRO HERMANO MAYOR, *Pablo M. Hannapel*, (manuscrito). Vida de José Engling, primer congregante héroe de Schoenstatt.

12. EL HIJO PREDILECTO, Colección Schoenstatt, (manuscrito). Breve biografía de José Engling.

13. FRANCISCO REINISCH, (manuscrito). Vida del P. Reinisch, mártir de la conciencia, decapitado durante el nazismo.

14. ENRIQUE SCHÄFER, UNA VIDA POR UNA MISIÓN, *P. Joseph Klein,* Editorial Patris. Biografía basada en el diario de vida de este congregante héroe, jefe de la generación schoenstattiana Primavera Sagrada, que surgiera durante la segunda guerra mundial.

15. KARL LEISNER. CRISTO, MI PASIÓN, *P. Juan Pablo Catoggio,* Editorial Patris. Biografía de un sobresaliente dirigente de la juventud católica alemana. Siendo diácono es tomado prisionero por el nacionalsocialismo y llevado al campo de concentración de Dachau donde es ordenado sacerdote. Fue beatificado como mártir, por Juan Pablo II en 1996.

16. EL PADRE ALBERT EISE. «UN APÓSTOL DE LAS FAMILIAS», *P. Marcial Parada,* Editorial Patris. Biografía de este notable sacerdote schoenstattiano que, en tiempos del nacionalsocialismo, no se amedrentó y se entregó totalmente al trabajo de dar sólidas bases a la familia como fundamento de la nueva sociedad.

17. CRISTO EN LOS OJOS DE MARIO HIRIART, HABLA EL DIARIO DE UN LAICO, Fundación Mario Hiriart. Relatos del Diario de Vida de Mario Hiriart, joven profesional chileno que se esforzó por la santificación en el trabajo, especialmente con jóvenes universitarios. Por sus palabras se reconoce su profundo amor a María y su entrega a Cristo. En proceso de beatificación.

18. MARIO HIRIART PULIDO, BIOGRAFÍA DE CUERPO Y ALMA, *Isabel Margarita González M.,* Centro de Estudios Bicentenario, Santiago 2004. Esta biografía describe las luchas y sueños de un joven ingeniero chileno, Siervo de Dios, y ha sido presentada en Roma ante la Congregación de las Causas de los Santos, donde entra en su fase definitiva la causa de canonización de este siervo de Dios.

19. JOAO LUIZ POZZOBON, PEREGRINO Y MISIONERO DE MARÍA. *P. Esteban Uriburu y Mario V. Tubert,* Editorial Patris Argentina. Biografía completa y documentada de este siervo de Dios.

20. SEBASTIÁN BITANGWANIMANA Y LOS MÁRTIRES DE LA FRATERNIDAD. *P. Mauricio Cox.* Editorial Nueva Patris. Historia de Sebastián, un joven schoenstatiano, y los mártires de Buta: un grupo de Seminaristas que, al ser compelidos a separarse por sus respectivas etnias, prefirieron dar testimonio de su fraternidad con su sangre. Una generación sacrificada por la paz y la reconciliación en Burundi, África.

III. Escritos del P. Kentenich

Nota: En otros apartados de la Bibliografía también se encontrará escritos del Padre Kentenich.

A. Libros de carácter general, aptos para ser leídos al inicio

1. DOCUMENTOS DE SCHOENSTATT, Editorial Patris. Para un nivel de introducción, particularmente el Acta de Prefundación, la Plática de fundación de la Congregación Mariana y la Primera Acta de Fundación.

2. DESAFÍOS DE NUESTRO TIEMPO I, Editorial Nueva Patris. Textos escogidos sobre los siguientes temas: Análisis de nuestro tiempo - Dinamismo eclesial - Un cristianismo de diáspora - La armonía entre fe y vida - Espiritualidad patrocéntrica - Culpa y reconciliación - Perturbaciones en el desarrollo de la personalidad - El arte de sacar provecho de nuestras debilidades - La vivencia del hogar - El problema de la autoridad - Identidad femenina - El ideal de pureza - La difícil y hermosa tarea de educar.

3. ESPÍRITU Y FORMA, El secreto de la vitalidad de Schoenstatt, 1ª. Parte, *P. José Kentenich,* Editorial Nueva Partis. Primera parte del estudio, (2 partes) escrito por el P. Ken-

tenich en el cual describe extensamente cuáles fueron las reflexiones que lo llevaron a dar el paso dado el 31 de Mayo de 1949, paso que le valió se exiliado por la Iglesia durante 14 años en Milwaukee. En esta Primera parte, el P. Kentenich escribe sus reflexiones sobre el fundamento metafísico de la Obra de Schoenstatt, reflexiones de carácter histórico-filosófico; se refiere a la relación entre forma y espíritu y a la alianza de amor como fuente de la plenitud de "espíritu y de vida" schoenstattiana. Este escrito lo envía a Mons. Joseph Schmidt; es conocido como Joseph Brief, Carta a José

4. ESPIRITUALIDAD DE LA ALIANZA, El secreto de la vitalidad de Schoenstatt. 2ª. Parte, *P. José Kentenich*, Editorial Nueva Patris. Segunda parte del estudio (2 partes) escrito por el P. Kentenich, luego de su decisión del 31 de Mayo de 1949, en el cual hace un trabajo completo sobre la Alianza de Amor de Schoenstatt en el marco de la Alianza de Dios en la historia de salvación. Este escrito lo envía a Mons. Joseph Schmidt; es conocido como Joseph Brief, Carta a José.

5   KENTENICH READER, TOMO I: ENCUENTRO CON EL PADRE FUNDADOR, *Peter Locher, Jonathan Niehaus, Hans-Werner Unkel, Paul Vautier*, Editorial Nueva Patris. Colección de textos autobiográficos e históricos del P. José Kentenich sobre sus enseñanzas y fundamentos de su espiritualidad.

6   KENTENICH READER, TOMO II: ESTUDIAR AL FUNDADOR, *Peter Locher, Jonathan Niehaus, Hans-Werner Unkel, Paul Vautier*, Editorial Nueva Patris. Colección de textos del P. José Kentenich sobre sus enseñanzas y fundamentos de su espiritualidad: alianza de amor, fe práctica en la divina Providencia, santidad de la vida diaria, fe en la misión, espiritualidad del instrumento.

7. KENTENICH READER, TOMO III: SEGUIR AL PROFETA, *Peter Locher, Jonathan Niehaus, Hans-Werner Unkel, Paul Vautier*, Editorial

Nueva Patris, Santiago, Chile. Colección de textos del pensamiento del P. José Kentenich sobre antropología, pedagogía, vida espiritual y metas.

8. ¿CÓMO HABLAR CON DIOS?, Editorial Nueva Patris. Serie de pláticas sobre la oración, dadas en Milwaukee, 1963.

9. VIVIR LA MISA TODO EL DÍA, Editorial Nueva Patris. Serie de pláticas sobre la Santa Misa, dadas en Milwaukee, 1964-65.

10. SERIE PREDICAS, Editorial Patris. Cada número transcribe pláticas del P. Kentenich, abordando los siguientes temas:
    Nº 1 *El dolor a la luz de la fe* / Nº 2 *El evangelio de la dignidad humana* / Nº 3 *Que surja la pequeña María* / Nº 4 *Aseméjanos a tu imagen* / Nº 5 *María, signo de luz* / Nº 6 *Lo que puede el amor* / Nº 7 *El poder de la oración* / Nº 8 *Conversar con Dios* / Nº 9 *Orar, la respiración del alma.*

11. UN CAMINO DE VIDA, Editorial Schoenstatt. Pláticas dadas a la Juventud femenina en Chile, entre 1948 y 1952, sobre los siguientes temas: Cuál es el sentido de mi vida - El hombre nuevo en la nueva comunidad - La alianza de amor - El ideal de Espiga - La persona virginal - El estado virginal - Poder en Blanco.

12. NUESTRO SANTUARIO DEL HOGAR, Editorial Schoenstatt. Conferencia de 1966 sobre ideas y exigencias para la consagración del Santuario del Hogar, basada en la plática del 18 de octubre de 1914.

13. MI CORAZÓN ES TU SANTUARIO, Editorial. Schoenstatt. Reflexiones sobre la realidad de la presencia de Dios en el corazón humano.

14. LUZ DE CRISTO, Editorial Schoenstatt. Retiro sobre la infancia espiritual.

15. NUESTRA MISIÓN MARIANA, (manuscrito. Argentina). Pláticas dadas en Liebfrauenhöhe, Alemania, en 1966, sobre la misión de Schoenstatt.

16. CRISTO ES MI VIDA. CON CRISTO EN EL TERCER MILENIO, Serie Riquezas de nuestra fe No 1, Editorial Nueva Patris. Cuidadosa selección de textos del P. José Kentenich sobre Cristo Jesús, para acompañar nues-

tra peregrinación, camino al jubileo del 2000.

17. EL VERDADERO AMOR – AMAR AL PRÓJIMO. Editorial Nueva Patris. En una serie de pláticas, el P. Kentenich reflexiona sobre la vocación de toda persona a amar y ser amada y cómo ello es lo único que plenifica y da sentido a su existencia, derrotando la angustia y soledad que afecta al hombre actual.

B. Textos de Oraciones

1. HACIA EL PADRE, Editorial Nueva Patris. Conjunto de oraciones escritas por el P. Kentenich en el campo de concentración de Dachau entre los años 1942 y 1945. Constituye un manual de meditación y estudio sobre la espiritualidad de Schoenstatt.

2. ORAR A CRISTO JESÚS, PLEGARIAS, CAMINO AL TERCER MILENIO, Editorial Patris, 1997. Selección de oraciones, en formato de bolsillo, escritas por el P. Kentenich durante su prisión en Dachau.

3. VIA CRUCIS. TOMA TU CRUZ Y SÍGUEME, Editorial Nueva Patris, 1997. En formato de bolsillo. Escrito por el autor durante su tiempo de prisión en Dachau.

C. Cursos. Retiros y Jornadas

1. TIEMPO DE CAMBIO, Editorial Patris. Textos de la Carta de Nueva Helvecia 1948, y de la carta de Octubre 1949, sobre las características del tiempo actual y una visión providencialista de la historia en una época de profundos cambios.

2. JORNADA DE OCTUBRE DE 1950, Editorial Schoenstatt. Conferencias sobre María Reina y el Jardín de María.

3. TIEMPOS APOCALÍPTICOS, Editorial Schoenstatt. Jornada Pedagógica dictada en Chile, 1951.

4. SEMANA DE OCTUBRE DE 1967, Editorial Schoenstatt. Conferencias sobre la corriente del Padre, y Schoenstatt, reino mariano del Padre.

5. JORNADA DE NAVIDAD DE 1967, Editorial Schoenstatt. Sobre la corriente del Padre en la Familia de Schoenstatt (continuación de la Jornada de Octubre de 1967).

6. CARTA DE OCTUBRE DE 1949, (manuscrito). La misión de Schoenstatt en el marco de un cambio de época trascendental.

7. CON MARÍA REINA, HACIA LOS MÁS NUEVOS TIEMPOS, (manuscrito). Plática sobre la misión victoriosa de María en los novísimos tiempos.

8. SOY EL FUEGO DE DIOS, Serie Riquezas de nuestra fe N° 2, Editorial Nueva Patris. Cuidadosa selección de textos sobre el Espíritu Santo tomados de retiros, homilías y conferencias del P. José Kentenich.

9. EN LAS MANOS DEL PADRE, Serie Riquezas de nuestra fe N° 3, Editorial Nueva Patris. Recopilación de textos sobre Dios Padre y la paternidad humana como reflejo de la paternidad divina, tomados de retiros, conferencias y alocuciones del P. Kentenich.

10. LA SANTÍSIMA TRINIDAD, Serie Riquezas de nuestra fe N° 4, Editorial Nueva Patris. Selección de textos sobre la Santísima Trinidad, tomados de retiros, homilías y conferencias del P. José Kentenich.

11. LA ACTUALIDAD DE MARÍA, Serie Riquezas de nuestra fe N° 6, Editorial Nueva Patris. Recopilación de textos marianos del P. Kentenich que muestran a María como la gran señal de luz y esperanza para la Iglesia y el hombre actual.

12. LA RENOVACIÓN DE LA IGLESIA, Serie Riquezas de nuestra fe N° 8, Editorial Nueva Patris. Recopilación de textos del P. José Kentenich sobre las características que él anhelaba ver encarnadas en la Iglesia del futuro.

13. SANTIDAD, ¡AHORA!, Editorial Nueva Patris. Una visión clara de lo que el P. José Kentenich entendía por santidad de la vida diaria, a través de sus escritos, charlas y retiros.

14. EL HOMBRE HEROICO, Editorial Patris. Retiro dictado por el P. Kentenich sobre los ejercicios espirituales ignacianos, desde la espiritualidad schoenstattiana.

15. EN LIBERTAD, SER PLENAMENTE HOMBRES. *P. Herbert King* (ed.), Editorial Nueva Patris. Textos del P. José Kentenich que muestran cómo la libertad es, en su pensamiento, un presupuesto importante para el desarrollo de la totalidad humana y la libertad, el resultado de un desarrollo pleno e integral.

16. LAS FUENTES DE LA ALEGRÍA. Editorial Nueva Patris. Retiro dado por el P. Kentenich a sacerdotes sobre el valor de la alegría en la vida de todo cristiano.

D. Escritos de profundización (para un estudio avanzado)

1. LA LLAVE PARA ENTENDER SCHOENSTATT, (manuscrito). Texto sobre la idea directriz de Schoenstatt (el hombre nuevo) y la fuerza propulsora de Schoenstatt (fe práctica en la Divina Providencia).

2. IDEA DIRECTRIZ Y FUERZAS PROPULSORAS DE SCHOENSTATT, Editorial Schoenstatt. Conferencias dadas en Chile en 1952, sobre el tema.

3. LA ALIANZA DE AMOR, Editorial Patris. Estudio sobre la espiritualidad mariana de Schoenstatt. (Segunda parte de la carta a Mons. Joseph Schmitz, 1952).

4. MARÍA EN EL PLAN DE DIOS, Biblioteca schoenstattiana N° 5. Curso sobre mariología dado en 1941, acerca de la posición de María en el plan de la salvación.

5. 20 DE ENERO. PADRE, TU HERENCIA, NUESTRA MISIÓN, Editorial Schoenstatt. Palabras del P. Kentenich sobre el espíritu y misión del segundo hito de la historia de Schoenstatt.

6. PIEDAD INSTRUMENTAL, (manuscrito). Texto sobre el tema, escrito por el P. Kentenich en el campo de concentración de Dachau.

7. CARTAS DEL CARMELO (manuscrito). Colección de cartas escritas por el P. Kentenich durante su prisión en el Carmelo de Coblenza, 1941.

8. FE PRÁCTICA EN LA DIVINA PROVIDENCIA, Editorial Nueva Patris. Colección de textos sobre el tema.

9. ESPÍRITU Y FORMA, Editorial Patris. Sobre la espiritualidad y organización de Schoenstatt. (Primera parte de la Carta a Mons. Joseph Schmitz, 1952).

10. NIÑOS ANTE DIOS, Editorial Patris Argentina. Conferencias del P. Kentenich, en 1937, en un retiro dictado para los Padres Betlemitas, sobre la infancia espiritual.

11. TEXTOS ESCOGIDOS SOBRE EL 31 DE MAYO, Editorial Patris. Colección de importantes textos del P. Kentenich sobre la cruzada del 31 de Mayo.

12. LA ALIANZA DE AMOR CON MARÍA, *P. Rafael Fernández de A.*, Serie Cuadernos de Formación N° 11, Editorial Nueva Patris. Texto que busca introducirnos en el mundo de la alianza tal como la vivió el Padre José Kentenich, dando respuesta a preguntas como en qué consiste la Alianza, cómo vivir la espiritualidad de la alianza y plasmar así nuestra vida a partir de ella.

13. EL P. JOSÉ KENTENICH Y SAN VICENTE PALLOTTI. Editorial Nueva Patris. Textos del P. Kentenich y otros autores sobre la vigencia del gran anhelo de Pallotti de unión de las fuerzas apostólicas que se suscitan dentro de la Iglesia para ayudarla a enfrentar y dar una respuesta fecunda a los problemas del hombre actual.

14. LOS MOVIMIENTOS ECLESIALES Y LAS NUEVAS COMUNIDADES EN LATINOAMÉRICA, *P. José Luis Correa*, Editorial Nueva Patris. La importancia de los movimientos en la vida de la Iglesia como una nueva irrupción del Espíritu Santo.

E. Pláticas, conferencias y colección de pensamientos del P. Kentenich

1. CRISTO ES MI VIDA; CON CRISTO EN EL TERCER MILENIO, *P. José Kentenich*, Serie Riquezas de nuestra fe N° 1, Editorial Nueva Patris. Cuidadosa selección de textos del P. José Kentenich sobre Cristo Jesús, para acompañar nuestra peregrinación, camino al jubileo del 2000.

2. NIÑOS ANTE DIOS, Editorial Patris Argentina. Conferencias del P. Kentenich, en 1937, en un retiro dictado para los Padres Betlemitas, sobre la infancia espiritual.

3. ENVÍA TU ESPÍRITU, Editorial Patris. Selección de meditaciones de P. José Kentenich sobre el Espíritu Santo, dadas en un retiro a la Federación de Mujeres, en 1930.

4. AMARÁS A TU PRÓJIMO, Editorial Schoenstatt. Pláticas sobre el amor fraternal, un amor sincero y universal.

5. CANTO AL AMOR. Editorial Schoenstatt. Serie de conferencias dadas por el P. Kentenich a matrimonios, en Milwaukee en el año 1961, sobre el matrimonio y el amor conyugal.

6. GUIANOS SEGÚN TUS SABIOS PLANES, Editorial Schoenstatt. Resumen de pláticas sobre la pedagogía de Dios y nuestra sabiduría para aplicarla.

7. SI NO CAMBIÁIS Y OS HACÉIS COMO LOS NIÑOS, Editorial Schoenstatt. Plática sobre la infancia espiritual.

8. UN CAMINO DE VIDA, Editorial Schoenstatt. Pláticas dadas a la Juventud femenina en Chile, entre 1948 y 1952, sobre los siguientes temas: Cuál es el sentido de mi vida - El hombre nuevo en la nueva comunidad - La alianza de amor - El ideal de Espiga - La persona virginal - El estado virginal - Poder en Blanco.

9. EL SENTIDO DE LA VIDA, Editorial Schoenstatt. Pláticas dadas en 1937, sobre la vida interior.

10. VOY AL PADRE, Editorial Schoenstatt. Pláticas sobre la despedida de Cristo de sus apóstoles y su promesa de enviarles el Espíritu Santo.

11. NAZARET, UN CANTO A LOS MÁS ALTOS IDEALES, Editorial. Schoenstatt. Reflexiones sobre el «Cántico al terruño» como expresión del ideal de Nazaret.

12. MARÍA, MADRE DEL PUEBLO, (manuscrito, Argentina). Charlas dadas en Argentina 1952, acerca de la fiesta y alegría popular.

13. EN LAS MANOS DE DIOS, Editorial Schoenstatt. Frases escogidas del P. Kentenich sobre la fe práctica en la Divina Providencia.

14. TU Y TU DIOS, Editorial Schoenstatt. Frases escogidas del P. Kentenich sobre la oración.

15. ¿DIOS, DÓNDE ESTÁS?, Editorial Schoenstatt. Frases escogidas del P. Kentenich sobre la fe práctica en la Divina Providencia.

16. DIOS, MI PADRE, Editorial Schoenstatt. Frases escogidas del P. Kentenich sobre la paternidad y filialidad.

17. EL LEVANTA A LOS PEQUEÑOS, Editorial Schoenstatt. Frases escogidas del P. Kentenich sobre la vida interior.

18. PARA UN MUNDO DEL MAÑANA, Editorial Schoenstatt. Respuestas del P. Kentenich a interrogantes sobre la educación.

19. LLAMADO A LA MISIÓN, (manuscrito). Conferencias a la juventud femenina de Alemania, 1945-46, sobre María como ideal de la mujer.

20. SE TRATA DE TI, (manuscrito). Conferencias dadas a la juventud femenina en 1966, sobre diversos temas, tales como: Coronación; la Madre de Dios, reina del Ver Sacrum; El sentido de la vida; María, nuestra imagen ideal, etc.

21. PARA NOSOTRAS I Y III. Conferencias para madres y la Familia de Schoenstatt en general, dadas en 1966.

22. PLATICA DEL P. KENTENICH, Editorial Schoenstatt. Plática dada por el P. José Kentenich en el Santuario de Colonia, el 30 de octubre de 1966, con motivo de la colocación del símbolo de Dios Padre en ese Santuario. Allí el P. Kentenich, a nombre de toda la Familia de Schoenstatt, sella por primera vez la Alianza de Amor con Dios Padre.

23. DESAFÍO SOCIAL, Editorial Schoenstatt. Pláticas dadas por el P. Kentenich sobre el trabajo, la industria y lo social, entre los años 1927 y 1931.

24. FAMILIA SIRVIENDO A LA VIDA, Editorial Schoesntatt. Retiros para familias durante la estadía del Padre fundador en Milwakee, Estados Unidos, el año 1953.

25. LA MEDITACIÓN DE LA VIDA SEGÚN EL PADRE KENTENICH, *P. Humberto Andwanter,* Editorial Patris. Cómo hacer de la vida el campo predilecto de meditación para descubrir al Dios que conduce al hombre con sabiduría paternal.

26. DIOS PRESENTE, *P. José Kentenich,* Editorial Nueva Patris. Cuidadosa selección de textos del P. Kentenich sobre la divina Providencia, precedidos de introducciones que aclaran y contextualizan su contenido.

27. EN LA ESCUELA DEL APÓSTOL SAN PABLO, *P. José Kentenich,* Serie Riquezas de nuestra fe N° 10, Editorial Nueva Patris. Santiago, Chile. Colección de textos del P. Kentenich sobre san Pablo, que permiten adentrarse en el alma del apóstol y apropiarse del sentido de su existencia, en el contexto del año paulino convocado por el Papa Benedicto XVI y del llamado de la Conferencia General del Episcopado Latinoamericano y del Caribe, en Aparecida, a ser discípulos y misioneros de Cristo.

28. LLAMADO, CONSAGRADO Y ENVIADO, *P. Peter Wolf,* Editorial Nueva Patris. Textos escogidos sobre la vocación, ministerio y vida sacerdotal en el pensamiento y en la vida del P. José Kentenich, en el marco de la celebración de los cien años de su ordenación sacerdotal, 1810-2010.

IV. Espiritualidad de Schoenstatt

1. ABBA, JOSE, *P. José Kentenich,* Editorial Nueva Patris. Recopilación de textos del P. José Kentenich y del magisterio de la Iglesia sobre San José.

2. LA SANTIDAD DE LA VIDA DIARIA, *M. A. Nailis,* (Ed. Herder). Muestra la espiritualidad schoenstattiana: vinculación a Dios, al prójimo, a las cosas y al trabajo.

3. ¿QUÉ SIGNIFICA EL SANTUARIO DE SCHOENSTATT?, *P. Hernán Alessandri,* Editorial Patris. Significado de los santuarios marianos, en especial del Santuario de Schoenstatt.

4. EL JARDÍN DE MARÍA Y EL 20 DE ENERO, *P. Rafael Fernández de A.,* Serie Conociendo Schoenstatt N° 6, Editorial Nueva Patris. La corriente de solidaridad y responsabilidad mutua entre el Fundador y su Familia de Schoenstatt, en el tiempo de Dachau.

5. AL ENCUENTRO DEL DIOS DE LA VIDA, Serie Fe y Vida N° 1, *P. Hernán Alessandri,* Editorial Patris. Introducción a la fe práctica en la Divina Providencia.

6. NUESTRA VIDA DE ALIANZA CON DIOS, Serie Fe y Vida N° 2, *P. Hernán Alessandri,* Editorial Patris. La vida del hombre como una gran historia de alianza con Dios.

7. NUESTRA MISIÓN, SER ALMA DEL MUNDO, Serie Fe y Vida N° 3, *P. Hernán Alessandri,* Editorial Patris. La misión evangelizadora de la Iglesia, Pueblo de Dios, en el mundo.

8. LA RIQUEZA DEL SER PURO, Editorial Schoenstatt. Frases escogidas del P. Kentenich, recopiladas por, B. Warth, sobre la pureza.

9. VIDA CRISTIANA COMO TESTIMONIO, Editorial Schoenstatt. Palabras de meditación para cada día del año, extractadas del libro «La santificación de la vida diaria», de A. Nailis.

10. PODER EN BLANCO, *P. José Kentenich,* Editorial Schoenstatt. Plática sobre el contenido del Poder en Blanco, textos escogidos de la Segunda Acta de Fundación y otros textos sobre el tema.

11. CAPITAL DE GRACIAS, Editorial Schoenstatt.

12. JORNADA DE HÖRDE 1919, *P. Fr. Ernst,* Editorial Schoenstatt. Recuerdos y visiones del autor como participante de la Jornada de Hörde en 1919, jornada que da origen a la Federación Apostólica.

13. FIEL A LA ALIANZA, *P. Humberto Anwandter,* (manuscrito). Retiro sobre la Alianza de Amor.

14. FE PRÁCTICA EN LA DIVINA PROVIDENCIA, *P. Hernán Alessandri,* (manuscrito). Dos charlas sobre el tema.

15. NUESTRO SANTUARIO CENÁCULO, *P. Rafael Fernández de A.,* (manuscrito). Pláticas so-

bre la misión del Santuario Cenáculo de Bellavista.

16. PROYECCIÓN DE LA ALIANZA DE AMOR EN LA VIDA PERSONAL, *P. Jaime Fernández M.*, (manuscrito). Profundización de la piedad de alianza basándose en textos del P. Kentenich.

17. FE PRÁCTICA EN LA DIVINA PROVIDENCIA, *P. Rafael Fernández de A.*, Serie Cuadernos de Formación Nº 7, Editorial Nueva Patris. 15 temas sobre la fe práctica en la Divina Providencia, eje central de la espiritualidad de Schoenstatt. Una Pauta Pedagógica, ofrece la metodología necesaria para hacer vida esta fe.

18. ESPIRITUALIDAD DEL INSTRUMENTO, *P. Rafael Fernández de A.*, Serie Cuadernos de Formación Nº 9, Editorial Nueva Patris. Contiene 15 temas sobre la piedad instrumental, y una Pauta Pedagógica con la metodología práctica para profundizar y llevar a la vida el contenido de los temas.

19. EN ALIANZA CON MI DIOS, *P. Jaime Fernández M.*, (manuscrito). Reflexiones sobre la alianza de amor.

20. EN LAS MANOS DE MI PADRE, *P. Jaime Fernández M.*, (manuscrito). Reflexiones sobre la Divina Providencia.

21. NIÑOS ANTE DIOS, *P. José Kentenich*, Editorial Patris Argentina. Conferencias del P. Kentenich, sobre la infancia espiritual, dadas en 1937, en un retiro dictado a los Padres Betlemitas.

22. SÍ, PADRE. NUESTRA ENTREGA FILIAL A DIOS. *P. Rafael Fernández de A.* Serie Cuadernos de Formación Nº 10, Editorial Nueva Patris. La actitud de entrega total o entrega de Poder en Blanco a Dios Padre. Una guía para prepararse y profundizar este grado de entrega a Dios.

23. SANTUARIO CORAZÓN, *P. Hernán Alessandri*, Editorial Patris. Caminos concretos para cultivar la interioridad e intimidad con el Dios que habita el corazón como un santuario. Gracias y poder evangelizador del santuario del corazón.

24. CORAZÓN DE LA IGLESIA, *P. Rafael Fernández de A.* Serie 31 de Mayo Nº 7. Editorial Patris. Proyecciones de la misión del 31 de Mayo hacia la Iglesia y la sociedad.

25. TU SANTUARIO. *P. Rafael Fernández de A.* Editorial Nueva Patris. El secreto de la vitalidad de Schoenstatt tiene su fuente en su Santuario, en sus gracias originales. Símbolos del Santuario.

26. NADA SIN TI, NADA SIN NOSOTROS. LAS CONTRIBUCIONES AL CAPITAL DE GRACIAS. *P. Rafael Fernández de A.*, Editorial Nueva Patris. Schoenstatt es fruto de la acción de Dios que interviene en el acontecer del mundo pero también de la cooperación del hombre a quien él quiso asociar a esta tarea.

27. UNA VISITA A SCHOENSTATT, Editorial Patris. Guía explicativa para acompañar a quienes visitan Schoenstatt, en Alemania, lugar de origen del Movimiento Apostólico de Schoenstatt, con su historia y mensaje, las luchas, valores y sueños que encierra, especialmente el Santuario original.

28. EL ÁRBOL DE LA MILITANCIA. MIEMBROS DE LA LIGA APOSTÓLICA DE FAMILIAS, *P. Rafael Fernández de A.* Editorial Nueva Patris. Ser y misión de los miembros de la Liga Apostólica de Familias, su lugar dentro de la Obra de Familias y su camino de formación.

29. EL AIRE QUE RESPIRO, CLAVES PARA COMPRENDER LA FE PRÁCTICA EN LA DIVINA PROVIDENCIA SEGÚN EL P. KENTENICH. *P. Rafael Fernández de A.*, Ed. Nueva Patris, Santiago Chile. Visión y perspectivas que permiten comprender más profunda y globalmente la enseñanza teórica y vital de la fe práctica en la divina Providencia según el pensamiento del fundador de Schoenstatt.

30. UN HIJO DE LA PROVIDENCIA, LA FE PRÁCTICA EN LA HISTORIA DE SCHOENSTATT. Textos del P. José Kentenich. *P. Rafael Fernández de A (Edit).*, Ed. Nueva Patris, Santiago de Chile. Textos del P. Kentenich que nos entregan el testimonio de su caminar en

la fe práctica en la divina Providencia, hilo conductor del desarrollo de la historia de Schoenstatt.

31. LA EXPERIENCIA MARIANA DEL PADRE KENTENICH, Colección Mariología kentenijiana 1, *P. Rafael Fernández de A.,* Ed. Nueva Patris. El carisma mariano del P. Kentenich, un regalo y misión de Dios para la Iglesia y el mundo actual.

32. LA IMAGEN DE MARÍA SEGÚN LA VISIÓN DEL PADRE KENTENICH, Colección Mariología kentenijiana 2, *P. Rafael Fernández de A.,* Ed. Nueva Patris. Riqueza de la imagen de María en la óptica del P. Kentenich, a partir de su propia experiencia, de la Sagrada Escritura y del Magisterio de la Iglesia. María es la Compañera y Colaboradora permanente de Cristo, por su inefable bi-unidad con él.

33. HACIA UNA NUEVA CULTURA MARIANA, Colección Mariología kentnijiana 3, *P. Rafael Fernández de A.,* Ed. Nueva Patris. Dimensión antropológica de la imagen de María desde la óptica del tiempo actual. María es la gran señal de luz y esperanza que responde a los desafíos y anhelos del mundo de hoy.

V. María

1. LA HORA DE MARÍA, *P. Rafael Fernández de A.,* Editorial Patris. La dimensión mariana de Schoenstatt.

2. MARÍA Y NOSOTROS, *P. Angel Strada,* Editorial Claretiana. Presentación de la mariología desde un punto de vista bíblico y dogmático, incluyendo perspectivas de la espiritualidad y pedagogía schoenstattianas.

3. NUESTRA MISIÓN MARIANA, *P. José Kentenich,* Editorial Schoenstatt. Pláticas dadas a la Federación de Mujeres, en Liebfrauenhöhe, Alemania, sobre María Reina y la misión de Schoenstatt, en 1966.

4. MARÍA, TEXTOS DE JUAN PABLO II, *P. Rafael Fernández de A.,* Editorial Patris. Recopilación de alocuciones marianas del Papa Juan Pablo II.

5. MARÍA, *P. Rafael Fernández de A.,* Editorial Patris. María Madre y nuestra relación filial con ella.

6. MARÍA HOY, Revista Carisma Nº 4, Editorial Patris. Artículos, entrevistas y textos escogidos del P. Kentenich sobre la vigencia y acción de María en nuestra vida.

7. MARÍA Y LA NUEVA EVANGELIZACIÓN, Revista Carisma Nº 22 , Ed. Patris. Artículos, entrevistas y textos escogidos del P. Kentenich que abordan temas marianos centrales para la vida de la Iglesia y su misión evangelizadora.

8. ELLA ES LA GRAN MISIONERA, ELLA OBRARÁ MILAGROS. *P. José Pontes,* Editorial Patris. La Alianza de Amor con María, fuerza y experiencia central de Schoenstatt y las contribuciones al Capital de Gracias. La Virgen Peregrina.

9. LA IMAGEN DE GRACIAS, Editorial Schoenstatt. Reflexión sobre la imagen de la Madre y Reina de Schoenstatt que preside el Santuario.

10. MARÍA, SI FUERAMOS COMO TÚ, *P. José Kentenich,* Editorial Schoenstatt. Pláticas dadas en Milwaukee, 1963, sobre la Santísima Virgen como Reina de la fe, Espejo de la mujer y Madre de la alianza.

11. MARÍA, SIGNO DE LUZ, *P. José Kentenich,* Serie Prédicas Nº 5, Editorial Patris. Una invitación a revestirnos del hombre nuevo a imagen de María, para irradiar la luz de Cristo en nuestro medio.

12. QUE SURJA LA PEQUEÑA MARÍA, *P. José Kentenich,* Serie Prédicas Nº 3, Editorial Patris. De cómo dejarnos traspasar por el amor transformador y renovador de María.

13. ASEMÉJANOS A TU IMAGEN, *P. José Kentenich,* Serie Prédicas Nº 4, Editorial Patris. María, ideal del hombre redimido por Cristo.

14. MARÍA, SIGNO DE LUZ, *P. José Kentenich,* Editorial Schoenstatt. Recopilación de pensamientos sobre la grandeza y misión de María.

15. MARÍA Y LA UNIDAD DE LOS CRISTIANOS, *Hna. Isabel Vrancken*, Editorial Patris. El significado de María para todos los cristianos y el ecumenismo, a través de escritos de los Padres de la Iglesia.

16. RECUERDOS DE MARÍA, *Jesús Ginés O.*, Editorial Patris. Mediante el relato de las vivencias cotidianas de María, a modo de un «diario de vida», el autor nos entrega una imagen suya, viva y cercana.

17. MARÍA Y EL NUEVO ORDEN SOCIAL, *P. Rafael Fernández de A.*, (manuscrito). Charlas dadas en la Jornada de dirigentes de Mayo 1969, sobre el papel de María en la forjación de un nuevo orden social.

18. NUESTRO CARISMA MARIANO, *P. Rafael Fernández de A.*, Serie Material de Trabajo Nº 3, Editorial Patris. Charla dada en la Jornada Nacional de Dirigentes 1987, sobre la urgencia de la misión de María como vencedora de las herejías antropológicas del tiempo actual.

19. LA NUEVA EVANGELIZACIÓN Y EL ANUNCIO DE MARÍA, *P. Hernán Alessandri*. Serie Material de Trabajo Nº 4, Editorial Patris. Charla sobre la misión mariana de Schoenstatt en el contexto del llamado de Juan Pablo II a una nueva evangelización.

20. MARÍA REINA, *P. José Kentenich*, Editorial Patris. Pláticas del P. José Kentenich sobre el reinado de María.

21. MARÍA, MADRE NUESTRA, *P. Rafael Fernández de A.*, Editorial Patris. María como nuestra Madre y cómo cultivar nuestra relación filial con ella.

22. MARÍA, ¿QUIÉN ERES? *P. Rafael Fernández de A.*, Serie Riquezas de nuestra fe Nº 7, Editorial Nueva Patris. La persona de María a la luz de la enseñanza bíblica y del magisterio de la Iglesia, Compañera y Colaboradora de Cristo en la obra de la redención, y la necesidad de una nueva visión pedagógica para una renovada pastoral mariana.

23. PARA QUE NUESTRA AMÉRICA VIVA, *P. Joaquín Alliende L.* Editorial Nueva Patris, Santiago, Chile. La importancia de la presencia de María en la pastoral evangelizadora de la Iglesia Latinoamericana.

24. MARÍA FORMADORA DE DISCÍPULOS. LA VIRGEN EN APARECIDA, *P. José Luis Correa*, Editorial Nueva Partis. Temas marianos presentes en la V Conferencia Episcopal Latinoamericana y del Caribe, celebrada en Aparecida octubre del 2007, tanto en el acontecimiento como en el Documento Final.

VI. Libros de Formación

Los textos siguientes son libros o series de fichas elaboradas especialmente para el trabajo de autoformación y para reuniones de grupo. En general, cuentan con pautas pedagógicas.

1. EL GRUPO, UNA COMUNIDAD DE FORMACIÓN, *P. Rafael Fernández de A.* Serie Cuadernos de Formación Nº 1, Editorial Patris. Serie de fichas sobre el grupo.

2. LA AUTOFORMACIÓN, *P. Rafael Fernández de A.*, Serie Cuadernos de Formación Nº 2, Editorial Patris. Serie de fichas sobre la importancia y práctica de la autoformación.

3. EL HOMBRE NUEVO, UN HOMBRE COMUNITARIO, *P. Rafael Fernández de A.* Serie Cuadernos de Formación Nº 3, Editorial Patris. Serie de fichas sobre la dimensión comunitaria del hombre nuevo.

4. EL HOMBRE INTEGRADO, *P. Rafael Fernández de A.* Serie Cuadernos de Formación Nº 4, Editorial Patris. Serie de fichas sobre la importancia y los caminos para lograr una personalidad integrada.

5. VIVIENDO EN ALIANZA, Serie Cuadernos de Formación Nº 5, Editorial Patris. Serie de fichas pedagógicas elaboradas por un grupo de Padres de Schoenstatt para preparar y profundizar la Alianza de Amor en Schoenstatt.

6. EL SANTUARIO HOGAR, Serie Cuadernos de Formación Nº 6, Editorial Patris. Serie de fichas elaboradas por un grupo de Padres de Schoenstatt para preparar la consagración del hogar como un Santuario.

7. FE PRÁCTICA EN LA DIVINA PROVIDENCIA, *P. Rafael Fernández de A.* Serie Cuadernos de Formación N° 7, Editorial Nueva Patris. Contiene 15 temas sobre la fe práctica en la Divina Providencia, eje central de la espiritualidad de Schoenstatt. Su Pauta Pedagógica ofrece la metodología necesaria para hacer vida esta fe.

8. MANUAL DEL DIRIGENTE, *P. Rafael Fernández de A.*, Serie Cuadernos de Formación N° 8, Editorial Nueva Patris. Ideas y sugerencias para tener presente en la tarea de conducción de un grupo schoenstattiano, basadas en el pensamiento del P. Kentenich. Esta publicación reemplaza al «Folleto para el encargado de grupo», manuscrito del mismo autor.

9. ESPIRITUALIDAD DEL INSTRUMENTO, *P. Rafael Fernández de A.*, Serie Cuadernos de Formación N° 9, Editorial Nueva Patris. 15 temas sobre la piedad instrumental. Pauta Pedagógica que contiene la metodología práctica para profundizar y llevar a la vida el contenido de los temas.

10. SI, PADRE. NUESTRA ENTREGA FILIAL A DIOS. *P. Rafael Fernández de A.*, Serie Cuadernos de Formación N° 10, Editorial Nueva Patris. La actitud de entrega total o entrega de Poder en Blanco a Dios Padre. Una guía para prepararse y profundizar este grado de entrega a Dios.

11. NUESTRA VIDA AFECTIVA, *P. Rafael Fernández de A.* Serie Cuadernos de Formación N° 13, Editorial Nueva Patris. Diversos textos sobre la afectividad, sentimientos y afectos; cómo conocerlos y encauzarlos, especialmente en la vida matrimonial.

12. SOMOS HISTORIA POR HACER. LA AUTOFORMACIÓN. *P. Rafael Fernández de A.* Serie Cuadernos de Formación N° 14, Editorial Nueva Patris. Medios ascéticos y de autoformación de la espiritualidad de Schoenstatt.

13. FE Y VIDA MATRIMONIAL, *P. Hernán Alessandri,* Serie Cuadernos Fe y Vida N° 1, Editorial Nueva Patris. Serie de fichas sobre la vida matrimonial en sus diversas dimensiones.

14. LA FAMILIA Y LA IGLESIA, *P. Hernán Alessandri,* Serie Cuadernos Fe y Vida N° 2, Editorial Nueva Patris. Serie de fichas que profundizan la relación familia-Iglesia, basándose en las enseñanzas de la encíclica «Familiaris Consortio».

15. TALLER DE ORACIÓN, *M. Elena Kretschmer,* Editorial Nueva Patris. Serie de fichas acerca del diálogo con el Dios de la vida y la práctica de la oración.

16. CAMINOS DE AUTOFORMACIÓN, *P. Jaime Fernández M.*, Editorial Schoenstatt. Autoformación, teoría y práctica del Ideal Personal.

17. EN BUSCA DE LA PROPIA IDENTIDAD, CRECER EN HUMANIDAD, *P. Rafael Fernández de A.*, Editorial Nueva Patris. Autoformación, teoría y práctica del Ideal Personal.

18. HACIA LA INTEGRACIÓN DE LA PERSONALIDAD, *P. Guillermo Carmona,* Editorial Patris Argentina. La autoeducación a la luz de Schoenstatt.

19. TU PERSONALIDAD, MADUREZ O MASIFICACIÓN, *P. Jaime Fernández M.*, Editorial Schoenstatt. Pautas para una autoconfrontación, desarrollo integral y armónico de los diversos aspectos de la personalidad.

20. REFLEXIONES PARA UN JEFE, *P. Jaime Fernández M.*, Editorial Schoenstatt. Elaboración de textos del P. José Kentenich sobre la formación e imagen del líder cristiano.

21. MANUAL DEL JEFE Y DEL ENCARGADO DE GRUPO, *P. Antonio Cosp,* Editorial Patris, Argentina. Recoge las ideas y sugerencias del «Folleto para el encargado de grupo», aplicándolas a la realidad de la Rama de Familias.

22. MEDITACIÓN Y EXAMEN DE CONCIENCIA, *P. Jaime Fernández,* (manuscrito). El pensamiento del P. Kentenich sobre el tema.

23. ECOS DE UNA VISITA. AÑO MARIANO: DESAFÍO Y TAREA, *P. Rafael Fernández de A.*, Serie Material de trabajo N° 1, Edit. Patris. Charla dada el 18 de junio de 1987, acerca del don y tarea que significó la visita de Juan Pablo II a Chile, a la luz de la misión que el P. Kentenich dio al Santuario Cenáculo de Bellavista.

24. CENÁCULO JOVEN 87, *P. Rafael Fernández de A.*, Serie Material de Trabajo N° 2, Editorial Patris. Charlas dadas en la Jornada Nacional de la Juventud Masculina, en Montahue, 10-12 de octubre de 1987, sobre el diagnóstico histórico de ese momento y sus desafíos para la Juventud de Schoenstatt, en la perspectiva del pensamiento del P. Kentenich.

25. NUESTRO CARISMA MARIANO, *P. Rafael Fernández de A.*, Serie Material de Trabajo N° 3, Editorial Patris. Charla dada en la Jornada Nacional de Dirigentes 1987, sobre la urgencia de la misión de María como vencedora de las herejías antropológicas del tiempo actual.

26. LA NUEVA EVANGELIZACIÓN Y EL ANUNCIO DE MARÍA, *P. Hernán Alessandri.* Serie Material de Trabajo N° 4, Editorial Patris. Charla sobre la misión mariana de Schoenstatt en el contexto del llamado de Juan Pablo II a una nueva evangelización.

27. LA PUREZA, *P. Eduardo Aguirre.* Serie Material de Trabajo N° 5, Editorial Patris. La pureza como ideal y tarea.

28. EL SANTUARIO Y LA NUEVA EVANGELIZACIÓN, *P. Luis Ramírez y P. José María García.* Serie Material de Trabajo N° 6, Editorial Patris. Charlas dadas en la Jornada Nacional de Dirigentes de 1990, sobre la acción evangelizadora de María en los Santuarios de Schoenstatt y el aporte de éstos a la nueva evangelización.

29. EL 20 DE ENERO, CAMINO DE SANTIDAD. SOLIDARIDAD DE DESTINOS, *P. Humberto Anwandter.* Serie Material de Trabajo N° 7, Editorial Patris. Charlas dadas en la Jornada Nacional de Dirigentes de 1992: Schoenstatt un camino de santidad, desafíos y exigencias.

30. ESTILO DE VIDA MARIANO. SEMILLA DE UNA NUEVA CULTURA. *Hna. María Angélica Infante, P. Rafael Fernández de A.* Serie Material de Trabajo N° 8. Charlas dadas en la Jornada Nacional de Dirigentes 1993: Aportes para gestar costumbres que se expresen en un nuevo estilo de vida matrimonial y familiar.

31. EL CENÁCULO; NUESTRA IDENTIDAD Y MISIÓN, *P. Humberto Anwandter.* Serie Material de Trabajo N° 9, Editorial Patris. Charlas dadas en la Jornada Nacional de Dirigentes de 1994: El Cenáculo, en su identidad y misión; identidad y misión del Santuario de Schoenstatt en Bellavista. Carácter pentecostal del 31 de Mayo de 1949.

32. ACTUALIDAD DE LA MISIÓN DEL 31 DE MAYO. Hna. *M. Pilar del Campo.* Serie Material de Trabajo N° 10, Editorial Patris. Charlas dadas en la Jornada Nacional de Dirigentes de 1995: Actualidad de la misión del 31 de Mayo en un cambio de época y caminos de encarnación.

33. HORARIO ESPIRITUAL, Editorial Nueva Patris. Un proyecto concreto para cultivar la vida espiritual.

34 CÓMO VIVIR Y COMPRENDER LA EUCARISTÍA, *P. Rafael Fernández de A.*, Riquezas de nuestra fe N° 5, Editorial Nueva Patris. El significado de la santa Misa, paso a paso y su proyección en la vida cotidiana. Incluye glosario.

35. LOS SÍMBOLOS EN LA EUCARISTÍA, *P. Rafael Fernández de A.*, Serie Riquezas de nuestra fe N° 9, Editorial Nueva Patris. Sentido de los gestos y de la simbología propios de la celebración eucarística.

36. EL IDEAL PERSONAL – EL SENTIDO DE NUESTRA VIDA. *P. Rafael Fernández, de A.* Colección PBC N° 12. Editorial Nueva Patris. La importancia de conquistar el propio yo a partir del núcleo de la propia personalidad, en una sociedad que despersonaliza al ser humana y lo convierte en sujeto anónimo de una masa.

37. LA VALORACIÓN DE SÍ MISMO, *Marisol Roa,* Colección PBC N° 6, Editorial Nueva patris. La autora aborda esta temática con mucho realismo, mostrando caminos prácticos para logra el desarrollo armónico de nuestra personalidad.

38. EL CULTIVO DE NUESTRA VIDA SEXUAL, *P. Günther Boll,* Colección PBC N° 17, Editorial Nueva Patris. El autor se basa en el pensamiento del P. Kentenich quien sostenía

que el problema de la sexualidad puede solucionarse en forma sana y convincente sólo en el marco de una educación integral.

39. EL AMOR JOVEN, ETAPAS DE UN POLOLEO, *P. Rafael Fernández de A.*, Colección PBC Nº 9, Editorial Nueva Nueva Patris. Cómo cultivar y evangelizar el amor naciente entre los jóvenes para forjar una relación sana y fecunda.

40. MARCADOS CON TU SELLO. *P. Rafael Fernández de A.*, Editorial Nueva Patris. Para mantener vivo el fuego del Espíritu Santo y prepararse al sacramento de la Confirmación.

41. POR EL CAMINO DE ZAQUEO. HACIA UN ENCUENTRO VITAL CON CRISTO, *P. Felipe Ríos C.*, Editorial Nueva Patris. El desafío de un reencuentro con Cristo para enriquecer la fe y acoger su llamado a seguirlo de todo corazón, a la luz de la experiencia de Zaqueo.

42. EL ENCUENTRO CON CRISTO, *Sergio Peña y Lillo*, Editorial Nueva Patris, Santiago, Chile. Testimonio íntimo y apasionado del encuentro del autor con Cristo.

43 PERSPECTIVA CRISTIANA DEL DOLOR HUMANO, *P. Jaime Fernández*, Editorial Nueva Patris. Reflexión y profundización de la perspectiva cristiana y los diversos factores que acompañan el mundo del dolor humano y cómo revitalizar la evangelización del dolor.

44. DOLOR HUMANO Y FE CRISTIANA, *Sergio Peña y Lillo*, Editorial Nueva Patris. Una reflexión sobre el sentido cristiano del dolor y de la muerte, destinado especialmente tanto a los enfermos como a quienes los asisten y acompañan en su enfermedad.

45. ACOMPAÑAMIENTO ESPIRITUAL, *P. Jaime Fernández*, Editorial Nueva Patris. El autor expone la importancia de la dirección espiritual y sus implicancias pedagógicas en la formación de personas libres y originales, sin perder de vista el plan del Padre Dios para cada persona y con una mirada atenta a los signos de los tiempos.

46. PATERNIDAD SACERDOTAL, *P. José Luis Correa*, Editorial Nueva Patris. El tema de la paternidad sacerdotal, desarrollado por el autor en un retiro para sacerdotes, adquiere especial relevancia en este año dedicado al sacerdocio. Este texto constituye un valioso aporte a los sacerdotes y a los laicos llamados a ejercer una paternidad profundamente anclada tanto en el cielo como en la tierra y que irradie la cercanía a Dios como la cercanía a la vida.

VII. Matrimonio y Familia

1. FE Y VIDA MATRIMONIAL, *P. Hernán Alessandri*, Serie Cuadernos Fe y Vida Nº 1, Editorial Nueva Patris. Serie de fichas sobre la vida matrimonial en sus diversas dimensiones.

2. LA FAMILIA Y LA IGLESIA, *P. Hernán Alessandri*, Serie Cuadernos Fe y Vida Nº 2, Editorial Nueva Patris. Serie de fichas que profundiza en la relación familia-Iglesia, basándose en las enseñanzas de la encíclica «Familiaris Consortio».

3. EL DIÁLOGO CONYUGAL, *P. Jaime Fernández M.*, Ediciones Paulinas. Caminos y orientaciones concretas para alcanzar un diálogo conyugal fecundo y pleno.

4. MATRIMONIO, VOCACIÓN DE AMOR, *P. Jaime Fernández M.*, Editorial Patris. Presentación de un ideal de relación conyugal a partir de la sicología del hombre y de la mujer y de sus relaciones elevadas y santificadas por el sacramento del matrimonio.

5. CRISIS DE LOS SEXOS E IDEAL DE MUJER, *P. Jaime Fernández M.*, Ediciones Paulinas. De la imagen de la mujer, su estructura y su misión, según el plan divino.

6. MATRIMONIO Y MISTERIO PASCUAL, *P. Hernán Alessandri*, Editorial Schoenstatt. El matrimonio elevado y santificado por el sacramento.

7. PATERNIDAD RESPONSABLE, *Doctor Luis Jensen*, Editorial Patris. Una visión humanista e integral acerca de los métodos naturales de regulación de la fecundidad.

8. LA EDUCACIÓN DE LOS HIJOS, *P. Jaime Fernández M.*, Ediciones Paulinas. Cuatro dimensiones fundamentales para la educación de los hijos: sicológica, ética, social y religiosa.

9. LA FAMILIA, Revista Carisma Nº 5, Editorial Patris. Artículos, entrevistas y textos escogidos del magisterio y del P. Kentenich sobre el tema de la familia como fuente de interioridad y transformación para la sociedad.

10. LA AUTORIDAD, Revista Carisma Nº 6, Editorial Patris. Artículos, entrevistas y textos escogidos del P. Kentenich sobre el tema de la autoridad, siempre vigente y a la vez candente.

11. LA SEXUALIDAD, Revista Carisma Nº 7, Editorial Patris. Artículos, entrevistas y textos escogidos del P. Kentenich sobre el tema de la sexualidad.

12. LA MUJER, Revista Carisma Nº 8, Editorial Patris. Artículos, entrevistas y textos escogidos del P. Kentenich sobre el ser y la misión de la mujer en la sociedad.

13. LA IMAGEN DEL VARÓN, Revista Carisma Nº 12, Editorial Patris. Artículos, entrevistas y textos escogidos del P. Kentenich sobre el ser y la misión del varón en la sociedad.

14. LA EDUCACIÓN DE LOS HIJOS, Revista Carisma Nº15, Editorial Patris. Artículos, entrevistas y textos escogidos del P. Kentenich sobre la difícil y hermosa tarea de educar a los hijos.

15. LA MUJER, Editorial Schoenstatt. Monografía acerca de la identidad de la mujer.

16. ORIGINALIDAD Y COMPLEMENTACIÓN DE LOS SEXOS, *P. Jaime Fernández M.*, Ediciones Paulinas. Importancia del conocimiento y valoración de la propia originalidad, y la del sexo opuesto, para alcanzar una recta y satisfactoria complementación.

17. EL CUERPO Y EL AMOR, *P. Raúl Hasbún*, Editorial Patris. Trata del amor humano integral, que une armónicamente cuerpo y espíritu, lo humano con lo divino.

18. EL FUNDADOR A LAS FAMILIAS, 3 TOMOS, *P. José Kentenich*, Editorial Schoenstatt. Pláticas sobre el matrimonio y la familia dadas en 1967, a los 25 años de la fundación de la Obra de las Familias.

19. PEDAGOGÍA MATRIMONIAL MARIANA, *P. José Kentenich*, Editorial Schoenstatt. Jornada sobre el tema dada en 1930.

20. LA OBRA DE LAS FAMILIAS EN EL CORAZÓN DE SCHOENSTATT, *P. José Kentenich*, Editorial Schoenstatt. Retiro dado en 1950, junto con cuatro aportes históricos para la Obra de las Familias y la Federación de Familias.

21. CANTO AL AMOR. Editorial Schoenstatt. Serie de pláticas dadas por el P. José Kentenich a matrimonios, en Milwaukee, 1961, sobre el matrimonio y el amor conyugal.

22. EL SANTUARIO HOGAR, *Central de Asesores del Movimiento de Schoenstatt*, Serie Cuadernos de Formación Nº 6, Editorial Patris. Fichas para preparar la consagración del hogar como un Santuario.

23. VIVIENDO EN FAMILIA, *P. Jaime Fernández M.*, Editorial Patris. Estilo de vida para una familia católica.

24. LA ARMONÍA MATRIMONIAL, *P. Guillermo Carmona*, Editorial Patris Argentina. Aportes para una vida conyugal integrada.

25. SANTIDAD MATRIMONIAL, *P. Rafael Fernández de A.*, Editorial Nueva Patris. Formas y grados del amor conyugal.

26. NUESTRO ESTILO DE VIDA, *P. Rafael Fernández de A. - Hna. M. Angélica Infante*, Editorial Nueva Patris. Aportes para gestar costumbres que se expresen en un nuevo estilo de vida matrimonial y familiar.

27. SER PADRE HOY, CRISIS Y PROPUESTA, *P. Rafael Fernández de A.*, Editorial Nueva Patris. Recopilación de textos sobre el tema del varón, tanto respecto a sí mismo como en su función de padre y esposo y su rol en la sociedad. Texto tomados de escritos y jornadas pedagógicas del P. José Kentenich y de trabajos inspirados en su pensamiento.

28. JOCAS. LA PUNTA DE UN ICEBERG. *P. Jaime Fernández M.*, Editorial Patris-Fundación Profamilias. Fundamentos pedagógicos,

éticos y científicos para una educación sexual sólida e integral de la juventud y para contribuir al debate suscitado en torno a las Jocas, programa de educación sexual del Ministerio de Educación de Chile.

29. UNA VENTANA HACIA LA VIDA, *Gonzalo y Patricia Petit,* Editorial Patris. Reflexiones de un matrimonio cristiano sobre el matrimonio y la familia, basadas en sus vivencias y experiencias vividas cada día a la luz de la fe y de los valores del Evangelio.

30. PATERNIDAD RESPONSABLE A LA LUZ DEL MAGISTERIO DE LA IGLESIA, *P. Rafael Fernández de A.,* Editorial Patris. La Paternidad Responsable según los deseos y el querer de la Iglesia, con su sustento humano y eclesial.

31. SER MUJER. *Juan Pablo II, P. José Kentenich y otros autores,* Editorial Patris. Reflexiones acerca de la identidad, rol e influencia de la mujer en todas las dimensiones de la sociedad.

32. NI "CHASCONAS" NI "COQUETAS" - RESPUESTAS A UNA MUJER SEPARADA, *P. Horacio Rivas,* Editorial Patris. Diversos temas de reflexión que ayudarán a toda mujer, separada o no, también soltera, a nadar contra la corriente y defender sus valores e ideales.

33. NUESTRA VIDA AFECTIVA, *P. Kentenich y otros autores,* Editorial Patris. Diversos textos sobre la afectividad, sentimientos y afectos; cómo conocerlos y encauzarlos, especialmente en la vida matrimonial.

34. POLOLEAR, ¿CÓMO? ¿CON QUIÉN? ¿CUÁNDO?, *P. José Luis Correa,* Editorial Nueva Patris. En un estilo ágil y sencillo, el autor invita a los jóvenes a reencontrarse con esa hermosa etapa de la vida en que se despierta la admiración y el cariño por un tú, como una instancia especial para aprender a amar.

35. SERIE "PARA QUE TENGAN VIDA". *Varios autores.* Editorial Nueva Patris. Los textos de esta Serie están destinados a ayudar a los padres en la tarea de formación y educación de sus hijos. Cada número aborda un importante tema en esta tarea.
N° 1: *Cada hijo es un regalo* - N° 2: *El "rayado de cancha"* - N° 3: *Cómo reforzar la autoestima* - N° 4: *¿Educa la televisión?* - N° 5: *Sencillez y austeridad* - N° 6: *El cultivo de la alegría* - N° 7: *Ser mamá hoy* - N° 8: *El desafío de ser papá* - N° 9: *Cómo enfrentar las frustraciones* - N° 10: *Educar para la libertad* - N° 11: *Peleas entre hermanos* - N° 12: *La autoridad de los padres* - N° 13: *La fuerza de las vivencias* - N° 14: *Educación de la sexualidad* - No 15: *Comunicación: Construyendo puentes.*

36. SERIE EDUCANDO – ESCUELA PARA PADRES, *Varios autores.* Editorial Nueva Partis. Esta serie, a través de diversos temas, está destinada a fortalecer el matrimonio y la familia y a ayudar a los padres y educadores a tener una mejor comunicación con sus hijos. Cada fascículo ofrece un tema de fondo y orientaciones pedagógicas prácticas. N° 1: *Ser familia.* N° 2: *Saber comunicarse.* N° 3: *Reforzar la autoestima.* N° 4: *El ejemplo de los padres.* N° 5: *Enseñar a amar.* N° 6: *Educar la libertad.* N°: *Educando la sexualidad.* N° 8: *Educar para la convivencia.*

37. LA FAMILIA, CUNA DE LA FE. PARA UNA NUEVA EVANGELIZACIÓN, *P. Rafael Fernández de A.,* Editorial Nueva Patris, Santiago, Chile. El autor aborda el desafío de la familia cristiana de llegar a ser, para sus hijos y la sociedad, una auténtica "cuna de la fe" y un poderoso foco de evangelización

38. RELACIONES PREMATRIMONIALES. ¿POR QUÉ NO...?, *P. José Luis Correa.* Editorial Nueva Partis. Escrito en forma directa y comprensible, el autor aborda el tema de las relaciones sexuales prematrimoniales y la comprensión y valoración de la sexualidad, y más propiamente del acto sexual, en su significado más profundo y pleno.

39. EN EL UMBRAL DEL TERCER MILENIO, Desafíos de nuestro tiempo II. *P. Hernán Alessandri,* Ed. Nueva Patris. Este libro

recoge los siguientes artículos del autor: El problema cultural de nuestro tiempo –La dignidad humana – Dios Padre en un mundo sin padres – Preámbulos vitales de la fe – Pecado y misericordia en el Evangelio – Unidad y divisiones en la Iglesia – Visión de la familia según el P. Kentenich – La formación de la mujer al final del siglo XX – Algunos principios pedagógico-pastorales para evangelizar en tiempo de cambio – El dinamismo de las tensiones sociales.

40. UN PADRE, REFLEJO DEL PADRE, *P. Jaime Fernández M.*, Ed. Nueva Patris. El autor aborda la pérdida del perfil de la figura paterna al interior de la familia y en todos los niveles de la cultura contemporánea, como una de las manifestaciones más dolorosas de la auténtica crisis de lo humano que experimenta la sociedad moderna. Un aporte a la reconquista de la paternidad, como el gran desafío religioso y pedagógico que tienen la Iglesia y la sociedad en el momento actual.

41. MI HIJO, ¿SACERDOTE...? *P. José Luis Correa*, Ed. Nueva Patris. Testimonios de mamás de sacerdotes en tiempos difíciles.

42. MUJER, ESTRELLA DE CHILE, *Mariana Grünefeld E., Conferencia Episcopal de Chile, Comisión Nacional Pastoral con la Mujer*, Ed. Nueva Patris. En el marco de las celebraciones del Bicentenario de Chile, con muchos testimonios, historias y especialistas, se dio forma a este libro que muestra el océano femenino de Chile conformado por todo tipo y clase de mujeres que dan valor a la vida, por la vida de la sociedad chilena.

VIII. Pedagogía

1. PEDAGOGÍA SCHOENSTATTIANA PARA LA JUVENTUD, *P. José Kentenich*, Editorial Patris. Curso pedagógico dado en 1930. Líneas y principios fundamentales para una pedagogía de la juventud.

2. EDUCACIÓN MARIANA PARA EL HOMBRE DE HOY, *P. José Kentenich*, Editorial Patris. Curso pedagógico dado en 1934. Se refiere al concepto orgánico de la educación mariana, su esencia y praxis.

3. QUE SURJA EL HOMBRE NUEVO, *P. José Kentenich*, Editorial Schoenstatt. Curso pedagógico,1951. La urgencia de que nazcan hombres plenamente arraigados tanto en el orden natural como en el orden espiritual y sobrenatural, aplicando su pedagogía de vinculaciones.

4. MARÍA EDUCADORA, *P. José Kentenich*, Editorial Schoenstatt. Resumen de Pláticas del P. Kentenich sobre la autoeducación.

5. MI FILOSOFÍA DE LA EDUCACIÓN, *P. José Kentenich*, Editorial Patris. Principios teológico-filosóficos de la doctrina pedagógica de Schoenstatt.

6. PARA UN MUNDO DEL MAÑANA, *P. José Kentenich*, Editorial Schoenstatt. Frases escogidas sobre temas pedagógicos.

7. PROPUESTA PEDAGÓGICA, *P. Angel Strada*, Editorial Patris Argentina. Visión general del sistema pedagógico de Schoenstatt.

8. EDUCACIÓN SEGÚN LA ESPIRITUALIDAD DE SCHOENSTATT, *Mirjam Bleyle*, Ediciones Paulinas. Visión de conjunto de los elementos pedagógicos de Schoenstatt.

9. UN EDUCADOR PROFÉTICO, FUNDAMENTOS SICOLÓGICOS DE LA PEDAGOGÍA DEL PADRE KENTENICH, *Paul Siegel*, Editorial Patris. Análisis exhaustivo de la pedagogía del Padre Kentenich. Dirigido especialmente a educadores.

10. TEXTOS PEDAGÓGICOS. JOSÉ KENTENICH, UNA PRESENTACIÓN DE SU PENSAMIENTO EN TEXTOS. *P. Herbert King*, Editorial Nueva Patris. Recopilación de textos sobre la doctrina y práctica pedagógicas en el pensamiento del P. Kentenich.

11. CÓMO FORMAR PERSONALIDADES LIBRES, *P. Jaime Fernández M.*, Ed. Nueva Patris. El autor, junto con examinar la influencia del cambio cultural, describe los rasgos distintivos del alma moderna y analiza tres temas de fondo: el concepto de libertad, los caminos para lograrla y las pistas pedagógicas que permitan a los padres

y educadores acompañar el proceso de maduración de los jóvenes.

IX. Cuestión Social

1. TIEMPO DE CAMBIO, Editorial Patris. Textos de la Carta de Nueva Helvecia 1948, y de la carta de Octubre 1949, sobre las características del tiempo actual y una visión providencialista de la historia en una época de profundos cambios.

2. EL EVANGELIO DE LA DIGNIDAD HUMANA, *P. José Kentenich*, Serie Prédicas Nº 2, Editorial Patris. Plática sobre la dignidad del hombre como hijo de Dios Padre.

3. PROBLEMAS Y SISTEMAS SOCIALES, *P. Hernán Alessandri*, Editorial Schoenstatt. Pensamiento social del P. Kentenich.

4. DIGNIFICAR AL HOMBRE, Revista Carisma Nº 9, Editorial Patris. Artículos, entrevistas y textos escogidos del P. Kentenich sobre el tema de la dignidad del hombre.

5. LA POLÍTICA, Revista Carisma Nº 18, Editorial Patris. Artículos, entrevistas y textos escogidos del P. Kentenich sobre la importancia del quehacer político.

6. DOCTRINA SOCIAL, Revista Carisma Nº 31, Editorial Patris. Diversos artículos, entrevistas, reportajes y una selección de los textos fundamentales de la Iglesia que abordan distintos aspectos de la doctrina social de ésta.

7. TEXTOS SOCIALES, *P. José Kentenich*, (manuscrito). Colección cronológica de textos sobre el tema social.

8. MARÍA Y EL NUEVO ORDEN SOCIAL, *P. Rafael Fernández de A.*, (manuscrito). Charlas dadas en la Jornada de dirigentes de Mayo 1969, sobre el papel de María en la forjación de un nuevo orden social.

9. NUESTRO COMPROMISO SOCIAL Y POLITICO, *P. Angel Strada*, (manuscrito). Sobre participación, ideologías políticas y reconciliación.

10. DESAFIO SOCIAL, *P. José Kentenich*, Editorial Schoenstatt. Pláticas dadas por el autor sobre el trabajo, la industria y lo social, entre los años 1927 y 1931.

11. EL NUEVO ORDEN SOCIAL Y LA POBREZA, *P. Juan Pablo Catoggio*, Serie Cuadernos Patris Nº2, Editorial Nueva Patris. Una aproximación al pensamiento social del P. José Kentenich sobre temas como la dignidad de la persona humana, el mundo laboral, la pobreza.

12. SANTIFICAR EL TRABAJO, *P. Humberto Anwandter*, Serie Cuadernos Patris Nº3, Editorial Patris. El trabajo como fuente de santificación, de servicio a los hermanos y de realización personal y la necesidad de evangelizar el mundo laboral.

13. VISIÓN CRISTIANA DEL TRABAJO, *P. Hernán Alessandri*, Serie Cuadernos Patris Nº5, Editorial Patris. Comentarios de la encíclica *Laborem Exercens* de Juan Pablo II. La vinculación al mundo del trabajo y la urgencia de santificarlo.

14. EL P. JOSÉ KENTENICH Y EL NUEVO ORDEN SOCIAL. TESTIMONIOS. *P. Humberto Anwandter*, Editorial Patris. Testimonios y experiencias vividas por el autor en diversas oportunidades junto al Padre fundador del Movimiento de Schoenstatt en relación a su pensamiento social.

15. ¿QUÉ AUTORIDAD QUEREMOS? ¿QUÉ AUTORIDAD NECESITAMOS? *Varios autores.* Editorial Nueva Patris. Un variado compendio sobre la autoridad, tema siempre vigente y fundamental, que ayudará a la reflexión respecto a cómo ejercerla tanto a nivel familiar y educacional como laboral y político.

16. EMPRESA, ECONOMÍA Y ESPIRITUALIDAD, *Varios autores.* Editorial Nueva Patris. Este libro recoge las reflexiones de diversos autores sobre el actuar ético en el mundo empresarial y del trabajo, en la economía y la política, desde una perspectiva cristiana.

X. Misión del 31 de Mayo

1. HISTORIA DEL 31 DE MAYO, *P. José Kentenich*, Serie 31 de Mayo Nº 2, Editorial Nueva Patris. Textos de la primera parte de la carta a Mons. Joseph Schmitz, donde el P.

Kentenich trata de la importancia del 31 de Mayo como hecho histórico y como misión para la Familia de Schoenstatt.

2. 20 DE ENERO, 31 DE MAYO Y LA REDEN-CIÓN, *P. Rafael Fernández de A.*, Serie 31 de Mayo N° 1, Editorial Patris. Charlas de la Jornada de dirigentes de Mayo 1983 sobre del 20 de Enero y 31 de Mayo en la perspectiva de la Redención.

3. NUESTRA MISIÓN: DIGNIFICAR AL HOMBRE, *P. Rafael Fernández de A.*, Serie 31 de Mayo N° 3, Editorial Patris. Charlas de la Jornada de Mayo de l984, sobre la misión del 31 de Mayo como una cruzada por la dignificación del hombre.

4. UN PROFETA VIVE PARA SU MISIÓN, *P. Günther Boll*, Serie 31 de Mayo N° 4, Editorial Patris. De cómo el Padre Fundador de Schoenstatt, sabiéndose profeta de María, se juega, como su instrumento, para que Ella realice su misión de educar un hombre nuevo para los más nuevos tiempos.

5. REFLEXIONES SOBRE EL CRISTO DE LA UNIDAD, *P. Hernán Alessandri*, Editorial Schoenstatt. Sobre el significado de la Cruz de la Unidad como signo de la misión de Schoenstatt.

6. EL CRISTO DE LA UNIDAD, SIGNO DE REDEN-CIÓN, *P. Rafael Fernández de A.*, Editorial Patris. Retiro de Semana Santa 1990, sobre la simbología de la Cruz de la Unidad y el misterio de la Redención.

7. LA CRUZ DE LA UNIDAD. SU LLEGADA AL SANTUARIO ORIGINAL, *P. Benjamín Pereira*, Editorial Patris. Historia y misión de la Cruz de la Unidad.

8. LA MISIÓN DEL 31 DE MAYO, *P. Humberto Anwandter*, (manuscrito). Charlas del retiro dado sobre el tema en 1962.

9. EL 31 DE MAYO, MISIÓN DEL SCHOENSTATT CHILENO, *P. Rafael Fernández de A.*, (manuscrito). Charlas de la Jornada de Dirigentes, Mayo de 1969, sobre el ideal personal de la Familia de Schoenstatt en Chile.

10. JUBILEO DEL 31 DE MAYO, *P. Rafael Fernández de A.*, (manuscrito). Charlas de la Jornada de Dirigentes de Mayo de 1974 sobre el contenido y dimensión internacional del 31 de mayo.

11. NUESTRO SANTUARIO CENÁCULO, *P. Rafael Fernández de A.*, (manuscrito). Pláticas sobre la misión del Santuario Cenáculo de Bellavista.

12. EL CENÁCULO; NUESTRA IDENTIDAD Y MISIÓN, *P. Humberto Anwandter*. Serie Material de Trabajo N° 9, Editorial Patris. Charlas dadas en la Jornada Nacional de Dirigentes de 1994: El Cenáculo, en su identidad y misión; identidad y misión del Santuario de Schoenstatt en Bellavista. Carácter pentecostal del 31 de Mayo de 1949.

13. ACTUALIDAD DE LA MISIÓN DEL 31 DE MA-YO. *Hna. M. Pilar del Campo*. Serie Material de Trabajo N° 10, Editorial Patris. Charlas dadas en la Jornada Nacional de Dirigentes de 1995: Actualidad de la misión del 31 de Mayo en un cambio de época y caminos de encarnación.

14. EL 31 DE MAYO, UNA MISIÓN PARA NUES-TRO TIEMPO, *P. Rafael Fernández de A.*, Editorial Patris. Elaboración y presentación del contenido y contexto histórico de la Misión del 31 de Mayo. Incluye importantes textos del P. Kentenich sobre la Misión.

15. TEXTOS ESCOGIDOS SOBRE LA MISIÓN DEL 31 DE MAYO, *P. Rafael Fernández de A.*, Editorial Nueva Patris. Colección de importantes textos básicos del autor sobre la Misión del 31 de Mayo, precedidos de una explicación para su mejor comprensión.

XI. Oraciones, Poesías y Novenas

1. ORAR A CRISTO JESÚS, PLEGARIAS, CAMI-NO AL TERCER MILENIO, *P. José Kentenich*, Editorial Patris. Selección de oraciones, en formato de bolsillo, escritas por el P. Kentenich durante su prisión en Dachau.

2. VIA CRUCIS. TOMA TU CRUZ Y SÍGUEME, *P. José Kentenich*, Editorial Nueva Patris. En

formato de bolsillo. Escrito por el autor durante su tiempo de prisión en Dachau.

3. LA PEQUEÑA CONSAGRACIÓN, *P. Joaquín Alliende y Rafael Fernández de A.*, Editorial Nueva Patris. Meditación sobre la oración «Oh Señora mía, oh Madre mía».

4. TE ALABARÁN TODAS LAS GENERACIONES, *P. Rafael Fernández de A.*, Editorial Patris. Recopilación de oraciones a María de todos los tiempos.

5. ORAR CON MARÍA, *P. Cristián Precht y P. Miguel Ortega*, Editorial Patris. Pequeña recopilación de oraciones a María.

6. EL ROSARIO, UNA ORACIÓN EN EL MUNDO, *P. Esteban Uriburu*, Serie Camino N° 2, Editorial Patris. El rosario, una oración contemplativa y fuente profunda de vida interior, con pensamientos escogidos del P. Kentenich sobre esta oración.

7. TU ROSARIO HOY, *Mónica Ottolenghi*, Editorial Patris. Meditaciones del rosario para cada uno de los días del mes.

8. AUDAZ EN EL RIESGO, *E. Bardry*, Editorial Schoenstatt. Novena con el P. José Kentenich.

9. NOVENA A LA MTA, *Hna. M. Gunthildis*, Editorial Schoenstatt. Nueve días con la Madre Tres Veces Admirable de Schoenstatt.

10. NOVENA AL ESPÍRITU SANTO, *P. Jaime Fernández M.*, Editorial Nueva Patris. Imploración de los dones del Espíritu Santo, acompañada de citas del Evangelio, reflexión personal y súplica.

11. PADRE Y CUSTODIO, NOVENA A SAN JOSÉ, Editorial Nueva Patris. Palabras del Evangelio, del Magisterio de la Iglesia y del P. Kentenich acompañan la meditación de cada uno de los días de esta novena a San José.

12. PEREGRINANDO A BELÉN, *P. Guillermo Carmona*, Editorial Patris Argentina. Novena Navideña.

13. NOVENA AL NIÑO JESÚS, *P. Joaquín Alliende L.*, Editorial Nueva Patris. Novena en preparación a la Navidad, colocando cada día uno de los elementos del pesebre de Belén. Para hacerla en familia, especialmente con los niños.

14. MARÍA EN PUEBLA, *P. Joaquín Alliende L.*, Ediciones Paulinas. Plegarias y meditaciones en torno a la Conferencia del Episcopado Latinoamericano, realizada en Puebla, enero 1979.

15. DIÁLOGOS CON MARÍA AL FIN DEL MILENIO, *P. Joaquín Alliende L.*, Editorial Patris. Plegarias para orar en el adviento del tercer milenio.

16. PLEGARIAS DE HIJO, *P. Joaquín Alliende L.*, Editorial Patris. Plegarias y oraciones para vivir el «Año de Cristo», camino al 2000.

17. JOAQUIN DE NAZARET, TRÍPTICO JAZMINERO, *P. Joaquín Alliende L.*, Editorial Patris. Una aproximación al misterio de la paternidad en esa experiencia singular de la relación paterno-filial de San Joaquín y de su hija, la Virgen María.

18. GENEALOGÍA CRISTIANA DEL ABBA, *P. Joaquín Alliende L.*, Editorial Patris. Ensayo sobre el misterio más igneo del cristianismo, el de la Santísima Trinidad.

19. LATIDO MARIAL DE ESPAÑA, *Ernesto Livacic y Martín Panero*, Editorial Patris. Presencia mariana en la poesía medieval y moderna.

20. EL HOMBRE ABIERTO AL CIELO, *Mario Hiriart*, (manuscrito). Meditaciones sobre los misterios del santo rosario.

21. EL DESAFÍO DE UN HOMBRE, *Mario Hiriart*, (manuscrito). Meditaciones sobre el santo cáliz de la Ultima Cena, el Santo Graal, ideal del grupo de Mario.

22. TALLER DE ORACIÓN, DIALOGANDO CON EL DIOS DE MI VIDA, *M. Elena Kretschmer*, Editorial Patris. Serie Espiritualidad N° 1.

23. EL PADRENUESTRO, *P. Rafael Fernández de A.*, Editorial Nueva Patris. En dos formatos: grande y de bolsillo (Serie Meditación y vida). Meditación de cada uno de los segmentos de la Oración del Padrenuestro.

24. CONVERSANDO CON MARÍA, *P. Rafael Fernández de A.*, Editorial Nueva Patris, Serie Meditación y vida. Meditación de las palabras del Avemaría.

25. ALÉGRATE MARÍA, *P. Rafael Fernández de A.*, Editorial Nueva Patris, Serie Meditación y vida. Meditación sobre las palabras del ángel Gabriel en la Anunciación.

26. DICHOSA TÚ, *P. Rafael Fernández de A.*, Editorial Nueva Patris, Serie Meditación y vida. Meditación sobre el saludo de Isabel en la Visitación de la Virgen María a su casa.

27. EL MAGNÍFICAT, *P. Rafael Fernández de A.*, Editorial Nueva Patris, Serie Meditación y vida. Meditación sobre el canto de María en la visita a su prima Isabel.

28. EL MANANTIAL Y EL CÁLIZ, *P. Joaquín Alliende L.*, Editorial Patris. Meditaciones sobre la Cruz de la Unidad, sacramental de la persona y voz de Cristo Crucificado, íntimamente unido al Padre, a María y a los hombres, en el Espíritu Santo.

29. ADOREMOS CON EL SANTO ROSARIO, *Mónica Ottolenghi*, Editorial Patris. Meditaciones de los misterios del rosario para acompañar la adoración al Santísimo.

30. NOVENA AL ESPÍRITU SANTO, *P. Jaime Fernández M.*, Editorial Nueva Patris. Imploración de los dones del Espíritu Santo, acompañada de citas del evangelio, reflexión personal y súplica para cada día. Caminos concretos para aprender a orar.

31. LOS MISTERIOS DE LA LUZ, *P. Rafael Fernández de A.*, Editorial Patris. Invitación a meditar los misterios de la luz de Cristo con la actitud y los ojos de María.

32. DOLOR, VENTANA. (EN TIEMPOS DE LA PENA), *P. Joaquín Alliende L.*. Editorial Patris. El autor nos ayuda a adentrarnos en el dolor de Cristo y María y en el propio dolor, en la contemplación de hermosas fotografías tomadas por el P. Rafael Fernández a una pequeña estatua de una Piedad y nos ayuda a descubrir cómo Dios, en cada sufrimiento, siempre nos abre una ventana.

33. NUEVE DÍAS CON EL SIERVO DE DIOS, MARIO HIRIART, *P. Joaquín Alliende L.*, Fundación Mario Hiriart. A través de los grandes temas de la vida, nos ponemos en contacto con la Palabra de Dios y nos acercamos a la historia de Mario Hiriart recogiendo palabras suyas que nos dan a conocer quién era este Siervo de Dios

34. ¿ME AMAS?, *P. Agustín Alvarez,* Editorial Patris. Reflexiones sobre el amor a Cristo, al prójimo y a sí mismo, a través de meditaciones ilustradas y textos del Evangelio.

35. ERES EL ALMA DE MI ALMA, *P. Patricio Moore I.*, Editorial Nueva Patris. Una hermosa meditación de cada verso de la Oración al Espíritu Santo, del P. José Kentenich, "Espíritu Santo, eres el alma de mi alma".

36. YO CONOZCO ESA MARAVILLOSA TIERRA, *P. Patricio Moore I.*, Editorial Nueva Patris. Meditaciones sobre el Cántico al Terruño.

37. PADRENUESTRO QUE ESTÁS EN LOS CIELOS, *P. Patricio Moore I.*, Editorial Nueva Patris. Meditación sobre el padrenuestro de la "Misa del instrumento" del P. José Kentenich.

38. CRISTO EN LOS OJOS DE MARIO HIRIART, Edición Fundación Mario Hiriart, 1997. Meditaciones del Siervo de Dios, Mario Hiriart, extraídas de su Diario de Vida, sobre su personal e íntima vinculación a Cristo.

39. DE HIJO A PADRE, Edición Fundación Mario Hiriart, 1999. Textos del Siervo de Dios, Mario Hiriart, sobre la forma en que fue relacionándose con Dios Padre.

40. ESE SEÑOR ANDA CON EL ESPÍRITU SANTO... Edición Fundación Mario Hiriart, 1998. Meditaciones del Siervo de Dios, Mario Hiriart, que hablan de cómo el Espíritu Santo y Mario fueron grandes compañeros de camino, tanto que acabaron viviendo el uno en el otro.

41. PLEGARIAS URGENTES. TODO NACE DE NUEVO, MARÍA. *P. Joaquín Alliende L.* Editorial Nueva Patris. Poemas de Adviento para dialogar con María.

42 EXPERIENCIAS Y REFLEXIONES, *P. Esteban Uriburu,* Editorial Patris. Testimonio personal del Dios vivo, Padre y Providencia.

Índice Temático

129, 131, 132, 133, 135, 136, 137, 139, 140, 141 a 150.

L

Laicos: > 16, 23, 104, 128.

Ley: - *fundamental del amor:* > 77, 81; - *de la puerta abierta:* > 71 ; - *de la resultante creadora:* > 72; - *de la pesantez:* > 87; - *de la polaridad:* > 90; - *de la primacía de la vida:* > 90; - *de la solidaridad:* > 90; - *de gobierno:* > 90; - *de construcción:* > 90.

Ligas Apostólicas: > 93.

Longo: Bartolo - : > 37, 38.

M

Madre: 9, 32, 53, 54, 56, 60; - *y Educadora:* >1, 7, 10, 40; - *y Reina:* > 41, 51, 64; - *Compañera y Colaboradora de Cristo:* >75; - *de Dios:* > 14, 31; - *del Redentor:* > 10, 14; - *de los redimidos:* > 14; - *de la Iglesia:* > 10, 54, 148.

María: >1, 3, 7, 8; *importancia de -* : > 10, 11, 53, 54; *presencia de - en el Santuario de Schoenstatt:* > 10, 37, 41, 42; - *Vencedora de las herejías antropológicas:* > 141.

Mater: > 9, 13, 14, 130; - *ter admirabilis (MTA):* > ;13, 14, 44, 49, 92, 131, 143.

Miembros: - *Colaboradores de Schoenstatt:* > 90; - *Militantes de Schoenstatt:* > 95.

Milwaukee: > 8, 49, 142, 144, 145, 150.

Misión: - *de Schoenstatt:* > 8, 10, 30, 43, 54, 64, 124, 129, 133; - *del Santuario:* > 35, 43, 54, 59; - *salvífica de Occidente:* > 18, 22, 30, 54; - *del 31 de Mayo:* > **141, 142, 143, 149.**

Monte: - *Sión:* > 117; - *Moria:* > 117; - *Regina:* > 117; - *Schoenstatt:* > 117.

Movimiento: - *de Schoenstatt:* >1, 3, 4, 15, 8,.10, 16, 33, 36, 42, 52, 55, 59, 60, 76, 95, 200, 201, 120 - *Popular y de Peregrinos:* 92

N

Nuevo(a): *hombre -* : > 1, 18, 19, 20, 30, 42, 52, 54, 140 ; - *comunidad:* > 1, 18, 19, 21, 24, 30, 35, 52; - *orden social:* > 24, 100; - *tiempos:* > 27, 32, 27, 147; - *playas:* > 25, 26, 147, 149; - *Schoenstatt:* > 115.; - *evangelización:* > 49.

O

Obra: - *Redentora:* > 53; - *de Schoenstatt:* > 1, 4, 16, 34, 44, 54, 90, 105, 116, 117, 134, 142, 147, 148; - *de las Familias:* > 116, 145; - *de Vicente Pallotti:* > 32.

Organismo: > 90; - *de vinculaciones:* > 30,31, 53.

P

Padres: - *Palotinos:* > 33; - *de Schoenstatt:* > 33, 98, 101, 116, 117; - *Diocesanos de Schoenstatt:* > 98, 140.

Pallotti: *Vicente -* : > 23, 32, 33, 44, 127, 144.

Paralelo: - *Ingolstadt-Schoenstatt:* > 124

Plática(s): - *de Fundación:* > 36, 55, 56, 122; - de 1929: > 129; - de 1944: > 137; - *del 31 de mayo 1949:* 141.

Pedagogía: >1, 6, 7, 28, 14; - *divina:* > 7; - *de Schoenstatt:* > 22, 77; - *de alianza (o - mariana):* > 81; - *de las causas segundas:* > 29; - *de vinculaciones:* > 77, 78, 80; - *del ideal:* > 78, 79, 82, 86; *de movimiento:* > 82, 83; - *de confianza:* > 82, 84; - *de libertad:* > 82, 85.

Pensar: - *mecanicista:* 141; 142.

Piedad: - *de alianza:* > 63; - *instrumental:* > 65; - *tridimensional:* > 63.

Argentina

**Santuario del Padre,
Nuevo Schoenstatt**

Misiones y Urquiza 2501
1887 Florencio Varela
Provincia de Buenos Aires - Argentina.
Teléfono: 54 -11- 42552229

**Santuario Familia santa, Santuario
abierto, corazón de la Iglesia,
de San Isidro**

Elflein 2300
1642 Lomas de San Isidro
Buenos Aires - Argentina.
Teléfono: 54-11-47238329
Teléfono: 54-11-47238653
E-mail: santvivo@arnet.com.ar

**Santuario de la fidelidad,
de Villa Ballester**

Colón 3550 (ex 650)
1653 Villa Ballester
Buenos Aires - Argentina.-Teléfono: 54-
11-47685269
Fax: 54-11-47685269

**Santuario Dilexit Ecclesiam,
de La Plata**

Calle 15 entre 53 y 54
1900 La Plata - Argentina.
Teléfono: 54-221- 4240168

Santuario Sión del Padre

Calle 56 (ex Belgrano) N° 699
1887 Florencio Varela
Buenos Aires - Argentina.
Teléfono: 54-11- 42556666
E-mail: sionfv@interprov.com

**Santuario del Espíritu del 20
de Enero, de Oberá**

Instituto Mariano
Avda. Sarmiento 714
3350 Oberá - Misiones
Argentina.
Teléfono: 54 -3755 - 401789
Fax: 54 -3755 - 400483
E-mail: marianobera@infovia.com.ar

Santuario de Paraná (La Loma)

Calle José Kentenich s/n Barrio El Paracao
3100 Paraná - Entre Ríos
Argentina.
Teléfono: 54 - 343 - 222088

**Santuario Nazaret del Padre,
tierra de unidad, de Mendoza**

Kentenich y Turín
(Por la ruta Panamericana a la altura de
Ugarte 5005,
La Puntilla, Godoy Cruz
Barrio Portal de Benegas
5501 Godoy Cruz - Mendoza - Argentina.
Teléfono: 54-261-4398361

**Santuario de la Solidaridad,
de Córdoba**
San Martín s/n 5021 Villa Warcalde
Suc. 21
Estafeta Rivera Indarte 5149
Córdoba - Argentina.
Teléfono: 54-35-43423618

Santuario de Centro Confidencia
Riobamba 1050
1116 Buenos Aires - Argentina.
Teléfono: 54-11-48118025
Fax: 54-11-48130335
E-mail: confidentia@arnet.com.arç

**Santuario de las Nuevas Playas,
de Mar del Plata**
Fray Luis Beltrán s/n
(detrás del Parque Camet, a 3 km. de la costa)
Mar del Plata - Argentina.
Teléfono: 54 - 223 - 4698001

Santuario de Rosario
Fournier y Tacuarí
Ameghino 300 - Granadero Baigorria
2000 Rosario
Santa Fe - Argentina.
Teléfono: 54 - 341 - 4384461

**Santuario del Mar y de la Paz,
de Comodoro Rivadavia**
Avda. Ducós y Democracia
9000 Comodoro Rivadavia - Chubut
Argentina.

**Santuario Tierra de la Promesa,
de Rawson**
Ruta Provincial Nº7
camino a Playa Unión
9103 Rawson - Chubut
Argentina.

Santuario de San Miguel de Tucumán
Camino al Perú y Las Tipas
Barrio Islas Malvinas
4000 San Miguel de Tucumán
Argentina.

Santuario de Belén de Escobar
Calle Jean Mermoz al 3000
1625 Belén de Escobar (BA)
Argentina.
Teléfono: 54-3488-429306
Teléfono: 54-3488-429088
Fax: 54-3488-430112
E-mail: schoenstattbelen@gmail.com

**Santuario de la Vida y
de la Esperanza,
de Cerro de Las Rosas**
Avda. Rafael Núñez 3524 (entre Moscoso
y Peralta)
Córdoba - Argentina.
Teléfono: 54 - 351 - 4819259
Teléfono: 54 - 351 - 4812377
E-mail: jriba@schoenstatt.org.ar

Santuario de Salta
Los Carolinos y Los Crespones
Barrio Tres Cerritos - Zona Noreste
4400 Salta - Argentina.
Teléfono: 54 - 387 - 439113

**Santuario María, Madre y Reina del
Pueblo, de Gurruchaga**
Gurruchaga 440
8105 General Cerri,
Buenos Aires - Argentina.
Teléfono: 0291 - 46165

Bolivia

Santuario de Achumani/La Paz
Calle 22 barrio Achumani,
La Paz - Bolivia.-
Teléfono: 271-0112
Teléfono: 271-0166
Fax: 271-0166
E-mail: santuario_achumani@yahoo.es

Brasil

Santuario de la Filialidad Heroica

Avda. Nossa Sra. das Dores 849
97050-971
Santa Maria/RS - Brasil.-
Teléfono: 55-55-221-6114
E-mail: irmasdemaria@pro.vias.com.br

Santuario Puer et Pater

Rua Paulo Syllas s/n, Bairro Rincão do Canto,
Distrito Itaara
CEP 97100 000
Santa Maria - Brasil.
Teléfono: 227-1100
Teléfono: 221-9500
Fax: 221-9500
E-mail: somah@terra.com.br

Santuario de Atibaia/Sao Paulo

Rodovía Dom Pedro I, Km. 78 12940-970
Atibaia (SP) - Brasil.
Teléfono: (4) 414-4212
Teléfono: (4) 414-4200
Fax: (4) 412-1141
E-mail: regatibaia@uol.com.br

Santuario de Jaraguá/Sao Paulo

Rua Galvao Bueno Trigueirinho,
764, 05181-040 Jaraguá,
Sao Paulo - Brasil.-
Teléfono: (3) 941-4878
Teléfono: (3) 941-3148
Fax: (3) 941-4878
E-mail: sionjara@uol.com.br

Santuario 20 de Enero

Rua Dr. Diogo de Faria, 251
Vila Mariana,
04037.000 Sao Paulo (SP)
Brasil.-
Teléfono: (5) 571-5625
Fax: (5) 571-1650
E-mail: movsp@uol.com.br

Santuario da Esmagadora da Serpente

Av. São Paulo 651
86001-970 Londrina (PR) - Brasil.
Teléfono: 55-43-(3) 372-5400
E-mail: casamovlon@sercomtel.com.br

Santuario de la Vocaciones

PR 170 / Km. 6 (Acceso por Av. Serafin Ribas)
(Trevo Pinhão) 85100-970 Guarapuava (PR) - Brasil.
Teléfono: 623-6660
Fax: 623-6660
E-mail: tabordasvocacoes@ig.com.br

Santuario Magnificat

Rua Padre José Kentenich, 500,
Bairro Campo Comprido 81210-430
Curitiba (PR) - Brasil.
Teléfono: 274-4221
Fax: 274-4221
E-mail: santuariomagnificat@bol.com.br

Santuario de Porto Alegre

Rua Carajá, 233 Bairro Assunçao
91900-370 Porto Alegre (RS) - Brasil.
Teléfono: 051 32681812
Teléfono: 051 32683134

Santuario de Santa Cruz do Sul

BR 471 Km. 53 96800-970
Santa Cruz do Sul (RS) - Brasil.
Teléfono: (6) 711-3991
E-mail: Santuário@viavale.com.br

Santuario de Olinda/Recife

R. Joaquín Nabuco, 529 a tp. 6º/ 602
Bairro Graças 52011-000
Recife (PE) - Brasil.
Teléfono: 222-3476
Teléfono: (3) 493-4391
E-mail: pcabello@hotmail.com

Santuario da Redencao da Familia
Estrada dos Bandeirantes 13833
Vargem Pequena 22783-117
Río de Janeiro (RJ) - Brasil.
Teléfono: 442-0345
Teléfono: 442-0034
Fax: 442-0034
E-mail: mpriodejaneiro@domain.com.br

Santuario Tabor da Esperanca
Rodovia DF 001- Km 4,5 EPCT-Leste,
Lago Norte B,
70649-970 Brasilia /DF - Brasil.
Teléfono: 302-2103
Teléfono: 465-1319
Fax: 302-3164
E-mail: tabordaesperanca@aol.com.br

Santuario Fidelidade à Igreja
Rua Pe. José Kentenich
s/n continuaçao da Av. Santos Dumont
86300-000 Cornelio Procopio/PR - Brasil.
Teléfono: 523-8593
Teléfono: 523-1712
Fax: 523-8593

Santuario Fonte de Vida Nova
R. Assis Figueiredo, 1548/01 37701-002
Poços de Caldas (MG)
Minas Gerais - Brasil.
Teléfono: (3) 713-5592
Teléfono: (9) 977-7954
E-mail: fontevidanova@bol.com.br

Santuario de Jacarezinho
Rua: Áurea Benk, s/n C.P. 33
CEP 86.400-000 Jacarezinho/PR - Brasil.
Contact: Assessora Diocesana
Rua: Áurea Benk, s/n C.P. 33
CEP 86.400-000 Jacarezinho - PR - Brasil.-
Teléfono: (43) 3527-1133
E-mail: irmasdemariajacarezinho@
hotmail.com

Santuario de Araraquara
Av. Antônio Chiosso, 36, Jardim
Botânico,
14805-026 Araraquara/SP - Brasil.
Teléfono: 235-3899
Fax: 235-3899
E-mail: taborararaquara@ig.com.br

Santuario de Santo Angelo
KM 1, Estrada do Buriti
Santo Ângelo
Rio Grande do Sul CEP 98801 570
Brasil.
Teléfono: 55-(3) 312-3959
Teléfono: 55-(3) 312-2959

Santuario de Salvador, Bahia
Estrada do Curralinho s/n
Santuario Mae Rainha
Stiep 41770-115
Salvador (BA) - Brasil.
Teléfono: 272-7452
Teléfono: 342-7956
Fax: 272-4395
E-mail: taborba@terra.com.br

Santuario de Frederico Westphalen
Rua Antonio Boscardin, 617,
Bairro Centro
Cep 984000-000
Rio Grande do Sul - Brasil.

Santuário de Belo Horizonte
Rua: Av. Prudente de Morais, 720/202,
33500-000
Confins (Belo Horizonte) MG
Minas Gerais - Brasil.-
Teléfono: (3) 686-0245
Teléfono: (3) 484-5948
E-mail: taborliberdade@terra.com.br

Santuario de Garanhuns/ Pernambuco
Rua Daniel Jorge Rodrigues, 604,
Bairro Hiriópolis - Brasil.
Teléfono: (873) 761-4638

Chile

Santuario Cenáculo de Bellavista
La Concepción 7626,
Paradero 14 Vicuña Mackenna,
Metro: Estación Bellavista de La Florida
o Vicente Valdés
La Florida, Santiago - Chile.
Teléfono: 56 2 296 5655
E-mail: peregrinobellavista@tie.cl

Santuario de la Adoración
Hermanas de Maria de Schoenstatt
Bellavista 505
La Florida, Santiago - Chile.
Teléfono: 285-3407
Fax: 286-7760
E-mail: prov.cenaculo@entelchile.net

Santuario Sión de La Trinidad
Padres de Schoenstatt,
Las Nalcas Norte 7678, La Florida,
Santiago - Chile.
Teléfono: 296-2688

Santuario Cenáculo de La Providencia
Bustos 3477, Providencia,
Santiago - Chile.
Teléfono: 209-6969

Santuario de Campanario
Campanario 213, Las Condes,
Santiago - Chile.
Teléfono: 243-2297

Santuario Nuevo Belén
Cordova y Figueroa 1347,
Quinta Normal, Santiago - Chile.
Teléfono: 56 2 773-1249
E-mail: cecilian139@hotmail.com

Santuario Cenáculo, Corazón de América
Lluta, entrada camino a Gallinazo,
Arica - Chile.
Teléfono: 21-5511

Santuario Valle de María
Nuevo Cenáculo
Valle de Linderos – Sector de Paine,
Zona de Maipo
Diócesis de San Bernardo

Santuario Oasis de María
Av. Francisco Bilbao, Km 7,
Iquique - Chile.
Teléfono: 38-0152
E-mail: oasisdemaria@yahoo.es

Santuario Cenáculo, Puerta del Cielo
Camino Costero, Sector La Chimba,
Antofagasta - Chile.
Teléfono: 23-7657

Santuario Tabor de Peñuelas
Panamericana Norte, Km 467, Peñuelas,
subida JJ Pérez s/n,
La Serena 107 - Chile.
Teléfono: 24-3855

Santuario Jardín de María Reina
Zorobabel Rodríguez s/n, esq. Avda. 21
de Mayo, Quillota - Chile.
Teléfono: 33-310124

Santuario Cenáculo de Fundación
Agua Santa 777,
Viña del Mar - Chile.
Teléfono: 56 32 277-5612
E-mail: agsanta@gmail.com

Santuario de Los Pinos
Parcela 3 s/n. Los Pinos - Reñaca, Viña
del Mar - Chile.
Coordinadores: Flia. Murillo-Toro
Teléfono: 56-32- 2118740
Email: ccalderito@yahoo.es
Info: Paulina Ramos (Administradora)
Teléfono: 9-2336193
Email:paulinaramosp@gmail.com
Laurita Toro (Coordinadora)
Teléfono: 9-3328049
Email: lauritoro@hotmail.com
E-mail: ccalderito@yahoo.es

Santuario, Hijo del Padre
Calle Membrillar 55
Rancagua - Chile.
Contacto: Octavio Galarce
Teléfono 56 72 235665
Teléfono: 56 72 232083
E-mail: galarce@terra.cl

Santuario de San Fernando
Camino a Roma. Fundo El Medio s/n
San Fernando - Chile.
Teléfono: 56 72 913504
E-mail: schoenstattsanfernando@gmail.
com

Santuario de Curicó
Camino a Zapallar Km 0,5
Curicó - Chile.
Contactos:
Rodrigo Balbontín
Teléfono: (9) 87293192
Email: rbalbontin@pitras.cl
Ximena Cox: ximecox@tie.cl
Teléfono: (9)91294768
Teléfono: 56 (9) 87293192

Santuario Monte Horeb
Camino a Yungay, Km 2,
Fundo Santa Rita,
Chillán Viejo - Chile.
Teléfono: 26-0222
E-mail: schoenstattchillan@yahoo.com

Santuario Cenáculo de Montahue
Camino Santa Juana, Km 2,5
Villa El Recodo
Concepción - Chile.
Teléfono: 56 41 228-0040

Santuario Nuestra Señora de Los Ángeles
Av. Sor Vicenta, Camino El Avellano s/n,
Los Angeles - Chile.
Teléfono: 36-0219

Santuario Corazón del Padre
Av. Francisco Salazar 01080
Temuco - Chile.
Teléfono: 56 45 340717
E-mail: hnasdemariatco@tie.cl

Santuario de Puerto Montt
Cuarta Terraza, Villa Valle Volcanes s/n,
Puerto Montt - Chile.
Teléfono: 2-56-274841

Colombia

Santuario Nuevo Belén, de la Ciudad de Armenia
Calle 22 1912, Armenia Quintio
Colombia.
Teléfono: 4-7835

Santuario María, Madre de los pobres, de Ciudad de Pereira
Barrio Rocio Alto, Pereira -Risaralda
Apartado Aéreo 3603
Pereira - Colombia.
E-mail: santuariodelcafe@hotmail.com

Ecuador

Santuario de Guayaquil
Juan Tanca Marengo Km. 4 y 1/2,
Guayaquil - Ecuador.
Teléfono: 22-3526
Fax: 225-5767
E-mail: paschgye@impsat.net.ec

Santuario de Quito
Gaspar Cañero 190 y 6 de Diciembre,
Quito - Ecuador.
Teléfono: 45-2807
E-mail: ppsch@uio.satnet.net

Santuario de Ciudad Celeste
Ciudad Celeste kilómetro 9 de la vía
a Samborondón; el nuevo polo de
desarrollo de Samborondón!
Ecuador.
Email:santuariociudadceleste@gmail.com

España

Santuario de Pozuelos de Alarcón

Camino de Al Corcón 17
E-28223,
Madrid - España.
Phone: ++ 34-91-709-0063
E-mail: peregrinosantuario@arrakis.es

Santuario de Madrid

Calle Serrano 97
E-28006
Madrid - España.
Teléfono: 34-1-91-561-8992
E-mail: info@schoenstatt-spain.com

Santuario de Barcelona

E-08197 Valldoreix
Passeig del Prat, 10 (Paseo del Prado 10)
Barcelona - España.
Teléfono: 34-93-674-8962
E-mail: cenba@arrakis.es

México

Santuario de Querétaro

Villa del Pueblito 76900,
Querétaro, Qro - México.
Teléfono: 228-1220
Fax: 228-1400

Santuario de Chilapa

Ajacayán (4 Kms de Chilapa)
Estado de Guerrero - México.
Teléfono: 5-0213

Santuario María, Camino al cielo, de Monterrey

Cerro Mederos, Cuarta 219, Colonia,
Deportivo Obispado,
Monterrey NL - México.
Teléfono: 52 - 8 - 3471990
Fax: 655-4550

Santuario Maravillas de María, de San Luis de Potosí

Pueblo Las Maravillas,
San Luis de Potosí, SLP, México.

Santuario de Ciudad Jiménez,

Kilómetro 3,5 Carretera a Parral,
Ciudad Jiménez,
Chihuahua - México.

Paraguay

Santuario Nación de Dios, corazón de América, de Tuparenda

Ruta 2 Mariscal Estigarribia, Km. 34 y 1/2
(Camino a Caácupé) Ypacarai
Asunción - Paraguay.
Teléfono: 33-2588

Santuario Joven

Ceferino Vega Gaona 157 y Quesada Villa
Morra, Asunción - Paraguay.
Teléfonos:60-8215 - 8216
E-mail: mater@conexion.com.py

Santuario Portal de la Trinidad, Jardín del Padre, de Alto Paraná

Avda. Campo Vía entre Ñacunday y
Monday Área 4 Itaipú
Ciudad del Este - Paraguay.
Phone: ++51-3768
Phone 2: ++50-2558

Perú

Santuario de La Molina, Perú

El Farallón S/N Alameda de la Planicie,
La Molina,
Lima - Perú.
Teléfono: 51-1-3680708

Santuario de Trujillo

Urbanización Covicorti, Manzana P3, Lote
1, Trujillo - Perú.
Teléfonos: 28-8386 - Teléfono: 67-2520
E-mail: postmaster@limpsa.com.pe

Portugal

Santuario de Lisboa

Praça de Damâo 7
1400-085 Lisboa.
Portugal.
Teléfono: 351-21-301-4901
Fax: 351-21-302-1283

Santuario de Braga

Lugar de Sampaio
Soutelo,
4730-190 Vila Verde,
Braga - Portugal.
Teléfono: 351-253-32-3733
Fax: 351-253-32-3730

Santuario de Porto

Rua do Meiral, 465
4400-501 Canindelo V.N.G.
Portugal.
Teléfono: 351-227-72-3900

Santuario Tabor

Rua do Santuário
Colonia Agrícola
3834-908 Gafanha da Nazaré
Portugal.
Teléfono: 351-234-32-7214

Puerto Rico

Santuario de la Solidaridad, de Cabo Rojo

Cabo Rojo, Puerto Rico 00623
Puerto Rico.
Teléfono: 851-5368
Fax: 851-5311

Santuario Cenáculo de la Inmaculada Madre del Redentor

Bo. Jacagüas, Intersección 574
Juan Díaz - Puerto Rico.
Teléfono: 898-8035
Fax: 851-5311

Santuario Magnificat

Carretera 129,
Barrio Campo Alegre,
Hatillo - Puerto Rico.

República Dominicana

Santuario Victoria Patris, de La Victoria

Villa Schoenstatt, La Victoria D.N.
Santo Domingo Norte
República Dominicana.
Teléfono: 5 - 809 - 2228146
Fax: 1-809-332-5864

Santuario de Getsemaní

Centro Getsemaní, Villa Tapia,
San Francisco de Macorís,
Republica Dominicana.
Fax: 1-809-222-8146

Uruguay

Santuario de Nueva Helvecia

Dr. Luis Alberto de Herrera 1200
70201 Nueva Helvecia
Dpto. Colonia
Uruguay.
Teléfono: 598-55-4-4073
E-mail: colegmta@adinet.com.uy

Índice general